すごい七福神めぐりのひみつ

桜井識子
Shikiko Sakurai

PHP研究所

はじめに

この本を手に取っていただき、ありがとうございます。

本書は〝七福神めぐり〟について書いた1冊です。

七福神は縁起のよいものとして知られています。江戸時代から人気が出てきたようで、現在でもたくさんの絵や置物などが販売されています。

縁起のよいもの、ということはわかっていても、私は自分で七福神めぐりをするまで、「ごりやくがもらえる」と思ったことは一度もありませんでした。七福神を神仏として考えていたのではなく、縁起のよいキャラクター、としてとらえていたのです。

神社仏閣の授与所などで、運気を上昇させるパワーや、よい運を呼ぶ力を持った七福神の縁起物を何回か見たことがあります。縁起物ではなくても、「なんとなくいいことが起こりそう」と思わせる、心を上向きにしてくれる七福神のイラストなどもあります。

私の中で七福神のイメージはそのようなものだったので、七福神は、信仰すると言うよりも、幸運を呼び込む四つ葉のクローバーみたいな感覚でした。

私は過去に一度、京都で七福神めぐりをしたことがあります。ご朱印集めを途中でパスしましたたし、七福神にご挨拶をするとか、お願いごとをするなどもしなかったので、この時は七福神めぐりの効果や恩恵がわかりませんでした。真相までたどりつくことができなかったのです。

けれど、その時に買った七福神の色紙によって小さなラッキーがひとつ舞い込んできました。縁起物でもなく、神仏の波動も入っていない色紙に、たとえ小さくても、なぜ福を呼ぶパワーがあるのか、そこが疑問でした。縁起のよいキャラクターの色紙だからかな、と思いました。

もしかしたらそうではないのかもしれません。うまくまわれば七福神めぐりは大きな福を与えてくれるのかもしれず、集めた7つのご朱印に運気をよくする秘密があることも考えられます。

想像しているだけでは何もわかりません。何ヶ所もの七福神めぐりをやって正解を知るしかない！　という結論に達しました。

結果から言いますと、七福神めぐりには予想もしなかった大きな効果がありました。

人生の中で、1回か2回はしておいたほうがいいかも？　というくらい、もらえる恩恵が大きいのです。

第6章に書いていますが、七福神めぐりの色紙を飾った宝くじ売り場で高額当せんが出た、それも1ヶ所だけでなく日本中のあちこちで出た、という情報は、七福神めぐりの効果を知った今では当然のように思います。それくらい、大きなごりやくがあるのです。

最初はなんとなく七福神をまわっただけでしたが、回数を重ねるごとにいろいろなことがわかっていきました。皆様に結果だけを箇条書きでお知らせするのではなく、私と同じように順番に知ることが大事だと思うので、私の体験をそのままの順番で書いています。

最後までわからなかった謎は天海僧正《てんかいそうじょう》にお聞きして、本書が完成しました。

七福神めぐりがどのようなものなのか、どんなごりやくがいただけるのか、楽しみながら読んでいただけたら嬉しく思います。

桜井識子

七福神めぐりのすごいひみつ

目次

第2章

七福神めぐりにはごりやくがあった

新宿山ノ手七福神めぐり ～東京都～

第**3**章

七福神めぐりの仕組みとは

青梅七福神めぐり ～東京都～

玉泉寺〈弁財天〉〈東京都青梅市長淵〉 56
宗建寺〈毘沙門天〉〈東京都青梅市千ヶ瀬町〉 57
延命寺〈大黒天〉〈東京都青梅市住江町〉 59
清宝院〈恵比須〉〈東京都青梅市大柳町〉 60
地蔵院〈布袋〉〈東京都青梅市畑中〉 61
明白院〈福禄寿〉〈東京都青梅市日向和田〉 62
聞修院〈寿老人〉〈東京都青梅市黒沢〉 63
参拝後の気づき 64

第4章

七福神めぐりでの願掛け

浅草名所七福神めぐり ～東京都～

浅草名所七福神めぐりをする前に考えたこと 68
鷲神社（寿老人）〈東京都台東区千束〉 71
吉原神社（弁財天）〈東京都台東区千束〉 72
矢先稲荷神社（福禄寿）〈東京都台東区松が谷〉 79
浅草寺（大黒天）〈東京都台東区浅草〉 81
浅草神社（恵比須）〈東京都台東区浅草〉 82
待乳山聖天（毘沙門天）〈東京都台東区浅草〉 83
今戸神社（福禄寿）〈東京都台東区今戸〉 85
橋場不動尊（布袋）〈東京都台東区橋場〉 86
石浜神社（寿老人）〈東京都荒川区南千住〉 88
参拝後の気づき 90

第5章

七福神めぐりによって違う恩恵

武州川口七福神めぐり　～埼玉県～

七福神めぐりを活かしたお願い　96
西光院（弁財天）〈埼玉県川口市戸塚〉　97
密蔵院（大黒天）〈埼玉県川口市安行原〉　98
傑傳寺（恵比須）〈埼玉県川口市東本郷〉　101
正覚寺（布袋）〈埼玉県川口市元郷〉　102
錫杖寺（福禄寿）〈埼玉県川口市本町〉　104
吉祥院（毘沙門天）〈埼玉県川口市南町〉　106
正眼寺（寿老人）〈埼玉県川口市宮町〉　107
参拝後の気づき　108

第6章

自分でご朱印を押す七福神めぐり

ぎふ七福神めぐり ～岐阜県～

願掛けは本当に叶えてほしいものにする 112
瑞巖寺（大黒天）〈岐阜県各務原市那加北洞町〉 113
林陽寺（布袋）〈岐阜県岐阜市岩田西〉 118
智照院（恵比須）〈岐阜県岐阜市岩田西〉 122
龍雲寺（毘沙門天）〈岐阜県岐阜市芥見大船〉 123
大覚寺（福禄寿・寿老人）〈岐阜県岐阜市長良〉 126
吉祥寺（弁財天）〈岐阜県岐阜市太郎丸〉 129
参拝後の気づき 133

第7章

七福神めぐりで大きな開運をいただく

KOBE（神戸）七福神めぐり　～兵庫県～

特別な開運を祈願する　136

念仏寺（寿老人）〈兵庫県神戸市北区有馬町〉　136

天上寺（布袋）〈兵庫県神戸市灘区摩耶山町〉　140

大龍寺（大黒天）〈兵庫県神戸市中央区神戸港地方字再度山〉　143

生田神社（弁財天）〈兵庫県神戸市中央区下山手通〉　146

湊川神社（毘沙門天）〈兵庫県神戸市中央区多聞通〉　149

長田神社（恵比須）〈兵庫県神戸市長田区長田町〉　153

須磨寺（福禄寿）〈兵庫県神戸市須磨区須磨寺町〉　154

第8章

七福神全員が登場の感動めぐり

淡路島七福神めぐり　～兵庫県～

※本文中の色紙代、祈禱料、配布物、
ご朱印の受付時間などの情報は、著者の取材時のものです。

装丁・目次／扉デザイン　根本佐知子（梔図案室）
装画・目次／扉イラスト　おおうち あす華

第1章
七福神めぐりの基本の「き」

七福神めぐりを取材しようと思ったきっかけ

２０２３年の秋のことです。

執筆作業をしつつ、たまに寝落ちしてしまう私はリビングのソファで寝ていました。目が覚めると、顔の真ん前に大型色紙がドーンと迫っていました。ソファの上に立てかけておいたはずの色紙が、私の頭に向かって倒れかかっていたのです。

この色紙は京都の「都七福神まいり」のものです。実際に自分の足で七福神をまわるとどうなるのだろう？　という興味が湧いて、軽くチャレンジしてみたのです。

七福神めぐりは京都が発祥の地と言われています。日本最古のものが都七福神まいりだということで、以下の7社が都七福神まいり公式サイトで紹介されていました。

・京都ゑびす神社（恵比須《えびす》）
・妙円寺《みょうえんじ》（大黒天《だいこくてん》）
・東寺《とうじ》（毘沙門天《びしゃもんてん》）
・六波羅蜜寺《ろくはらみつじ》（弁財天《べんざいてん》）

・黄檗山萬福寺《おうばくさんまんぷくじ》（布袋《ほてい》）
・赤山禅院《せきざんぜんいん》（福禄寿《ふくろくじゅ》）
・行願寺《ぎょうがんじ》（寿老人《じゅろうじん》）

七福神をめぐるにあたって、何かルールのようなものがあるのだろうかと調べてみたところ、１枚の色紙に、参拝した神社やお寺で７つのご朱印をもらうようになっていました（お金を払って書いてもらいます）。

私はご朱印を集めていないので、普段だったらもらうことはありません。たまに、いや、まれ〜にですが、ご朱印にも縁起物があるため、それを見つけたら１枚だけ買うことはあります。参拝したら必ずもらう、ということはしていません。

けれど、七福神めぐりは７つのご朱印をもらうことが必須のようです。もしかしたら、７つ集めることで運気がアップするのかもしれません。というわけで、もらわないという選択肢はありませんでした。

「よし！　各神社仏閣でしっかり書いてもらおう！」

張り切って都七福神の取材をスタートしました。

結果から言いますと、この取材で、ご朱印をもらう参拝は私には合わない、ということがわかりました。ここから書くことは私個人のお話です。決してご朱印を否定するものではありませんので、どうか誤解のないようお願いいたします。

ご朱印をもらうことに慣れていない私は、神社仏閣に着いたら、まずご朱印の受付を探しました。普通なら、境内《けいだい》に入ったところから神社やお寺の雰囲気とか、神様や仏様の「気」を感じるようにしています。

けれど、そういうことを全部すっ飛ばして、「ご朱印をもらえるところはどこ?」「えっと? どこ? どこ?」と探すわけです。受付を見つけたら、そしてそこに誰も並んでいなければ、「先にもらっておこう!」と、参拝をあとにしたりします。「今なら並ばずにすむからラッキー♪」ということで……。

「違うやろ! ご挨拶が先やろ」と反省するのですが、慣れていないせいか、次の寺社でもうっかり先にもらったりしました。ご朱印をもらうことがメインになるのです。

無事にご朱印をもらい、ドライヤーで乾かせるところではせっせと乾かして、そこまですると、「ふぅ〜」とひと仕事終えたような気持ちになりました。とりあえず、やらなきゃいけないことは終わったわ〜、みたいな感じなのです。

神様や仏様に聞かなければいけないことはたくさんあるのに、まだ何も聞いてへんやん！　と、自分にツッコミを入れますが、気分はすでに「ミッションコンプリート！」という満足感に包まれています。気持ちが、任務完了！　みたいになっているので、そこから神仏のお話を聞くことがうまくできませんでした。

そもそも神仏と交信するには、意識の半分を「神仏」に、残りの半分を「自分」に置かなければなりません。それを、「神仏」「自分」「ご朱印」に意識を置いているので、コンタクトがうまくいかなかったりするわけです。

波動などもダイレクトに感じられず、「あれ？　ここ、神仏いる？」となったりしましたし、お話もうまく聞けませんでした。

これは！　本格的にヤバいのでは！　取材にならない！　と、途中でご朱印をもらうのはやめました。

参拝がおろそかになっては意味がありません。そこで、あらかじめすべてのご朱印が書き込まれている大型色紙を買いました。

そのあとに行ったところでは、大げさに言っているのではなく、ご朱印の受付に30人くらい並んでいました。ひとり1分かかるとしても、30分待たなければいけなかったのです。もしもご朱印をもらっていたら、そのぶん神仏との会話が減っていたと思います。

ちなみにですが、ご朱印をもらう順番を待つ間に、神仏にお話を聞くことはありえません。お正月など境内が混雑している時に〝参拝〟の順番を待つ間だったら、話をしてもオーケーです。

けれど、ご朱印をもらう目的で順番を待っている時に、神仏に話しかけるのは失礼です。それは片手間に話す、暇つぶしに話す、ということになるからです。

というわけで、私の場合はご朱印をもらうようにすると、そちらに意識が集中してしまい、変に気合いが入って、必死になることがわかりました。うまく神仏とコンタクトができなかったり、順番待ちに時間を取られて、そのぶん会話が減ったりしました。

実際に体験してみて、ご朱印と私が合わないことを確認しました。

でも、七福神めぐり自体はワクワクして楽しく、何人かが私と同じ日にまわっていて、七福神めぐりは意外と人気があるのだな、と思いました。

あらかじめ全部のご朱印が書かれている大型色紙は、見た目は華やかですが、縁起物ではありませんでした。各寺社、各神仏の波動も入っていなかったです。本当に、ただの色紙でした。

話を戻しまして……ソファで寝ていて、目が覚めたら、その都七福神まいりの色紙が私の頭に向かって倒れかかっていたのです。

色紙は他の場所に置いていたのですが、前日に、家の中を整理したため置くところがなくなり、とりあえずソファの背の上に置き、壁のほうに立てかけました。

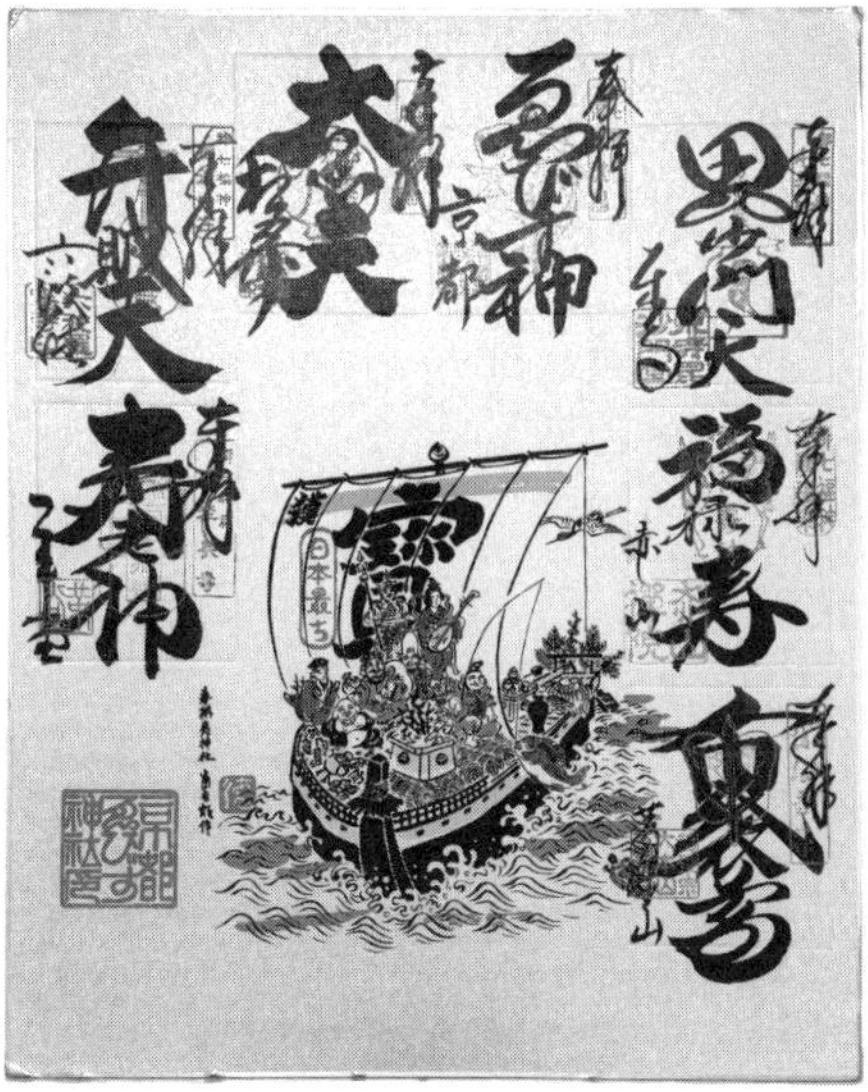

都七福神まいりの金色のご朱印色紙

それが、なぜかソファと壁の隙間に落ちて、私に向かって倒れかかっていたというわけです。

目を開けた時に、眼前に金色の都七福神の大型色紙がバーンとありました。この時に、なぜか「ああ、何かラッキーなことがひとつ起こるな」と、わかったのです。繰り返しますが、色紙は縁起物ではないし、神仏の波動も入っていません。でも、不思議とそれがわかりました。

予感どおり、小さなラッキーがひとつ舞い込んできました。宝くじの日（9月2日）に行われる「お楽しみ抽せん」に当選したのです。これはみずほ銀行によると、ハズレ券を対象に抽選を行なう、言わば宝くじの敗者復活戦だそうで、1年間のハズレ券の中に当選番号があれば、プレゼントがもらえるというものです。宝くじはなかなか当たりませんが、このお楽しみ抽せんもめったに当たらないので、嬉しかったです。

ここで疑問に思ったのは、なぜ縁起物でもなく、神仏の波動も入っていない色紙に福を呼ぶパワーがあったのか、です。そこが謎でした。

「はじめに」に書いたように、七福神の真相を知るにはあちこちの七福神めぐりをするしかありません。それで全国の七福神をめぐってみよう！　と思ったのでした。

七福神とは

七福神とは一般的に、幸福を招くとされている、恵比須、大黒天、毘沙門天、弁財天、布袋、福禄寿、寿老人、の7柱の「神様」となっています。

私的には「え？　神様？」とビックリしたのですが、辞書などを見ると、すべて「神様」と書かれています。

しかし、実際は仏様です。というわけで、本書では仏様と書くことにします。恵比須と弁財天は、神社仏閣によって名前の漢字が異なっています。そちらに合わせて書くと、ごちゃごちゃになってしまうので、本書では「恵比須」「弁財天」で統一します。

私は少し前から、薬師如来さんとか観音さんというふうに、仏様には「様」ではなく「さん」づけで書くようにしています。けれど、すべての仏様の名前に「さん」をつけると、非常に読みづらくなってしまうので、本書では説明部分に「さん」はつけないことにしました。

説明文なのに「さん」がついていたら、そこは私の感覚で「ここで呼び捨てにするのはマズいだろう」と判断したところです。「さん」づけとそうではないところの違いにこだわることなく、さらっと読み進めてもらえれば、と思います。

七福神の中の2柱、福禄寿と寿老人は、名前は違うけれど同じ仏様だという説があるため、寿老人を除いて吉祥天《きっしょうてん》や猩々《しょうじょう》（中国の古典に書かれている想像上の存在です）を七福神のメンバーにしているところがあるそうです。

7柱すべてが日本の仏様のように思うかもしれませんが、そうではありません。大黒天、毘沙門天、弁財天はインド由来であり、布袋、福禄寿、寿老人は中国が由来となっています。恵比須だけが日本の仏様です。

7柱のうち、まず恵比須と大黒天の2柱が福徳の仏様として信仰されるようになったようです。どちらも平安時代以降、福を授ける仏様として単体で信仰されていたのですが、2柱を並べることでその効果を強調したみたいです。

その2柱に5柱が加えられて、七福神となりました。

七福神という考えは、室町時代初期にはすでにあったとされており、そこから少しずつ信仰が広まっていきます。

江戸時代になると、お正月に七福神詣《もうで》をすることが盛んになって、宝船に乗っている七福神の絵が吉夢を呼ぶとされ、初夢を見る日は枕の下に敷かれたりもしました。

今でも、お正月しか七福神めぐりができない、というところがけっこうあります。

ここで、それぞれの仏様の説明を引用します（読みやすいように改行しています）。

恵比須〈日本大百科全書（ニッポニカ）「えびす」〉

【生業を守護し福利をもたらす神として、わが国の民間信仰のなかで広く受け入れられている神霊。

語源はさだかではないが、夷、つまり異郷人に由来すると考えられ、来訪神、漂着神的性格が濃厚に観念されている。

現在一般にえびすの神体と考えられている烏帽子《えぼし》をかぶりタイと釣り竿《ざお》を担いだ神像によってもうかがえるように、元来は漁民の間で、より広範に信仰されていたものが、しだいに商人や農民の間にも受容されたと考えられる。】

大黒天〈ブリタニカ国際大百科事典「大黒天」〉

【摩訶迦羅と音写される。

密教では、胎蔵界曼荼羅の最外院北方に属し、自在天の化身として、３面６臂で忿怒の黒色形相をもつとされる。

最澄が日本に伝え、比叡山に祀ったのが最初。

後世では、七福神の１つとして頭巾をかぶり、右手に小槌、左手に袋を持ち米俵の上に乗っている姿が通常のものとなり、福徳の神として民間で尊ばれている。

また大国と混同し、オオクニヌシノミコトと同一化して尊ぶ風習も行われている。】

毘沙門天〈改訂新版　世界大百科事典「毘沙門天」〉

【サンスクリット名 Vaiśravaṇa を写したもので多聞天とも訳す。

古代インド神話中のクベラ（Kuvera、倶尾羅）が仏教にとり入れられた。拘毘羅《くびら》毘沙門と称されることもある。

四天王の一尊として北方をつかさどり、また財宝富貴をも守るといわれる。

密教においては十二天の一尊であり、やはり北方に位置される。

形像は、甲冑を着る武神像で、左手の掌上に宝塔をのせ、右手に宝棒を持ち2邪鬼の上に乗る姿が一般的である。

四天王の一尊として造られた像は立像であり、単独に造像された場合に両脇侍として吉祥天と善膩師《ぜんにし》童子が加えられることが多い。】

弁財天〈ブリタニカ国際大百科事典「弁財天」〉

【弁才天とも書く。インド神話のサラスバティーを漢訳し、女神の姿に造形化したもの。もとはインドのサラスバティー川の河神であり、のちに梵天の妃となったが広く信仰され、これが仏教に取入れられて音楽、弁舌、財富、知恵、延寿を司る女神となった。『金光明最勝王経』大弁財天女品によると、頭上に白蛇をのせ、鳥居をつけた宝冠をかぶった八臂の女神で、持物は弓、箭、刀、さく、斧、長杵、鉄輪、羂索《けんじゃく》である。密教に入ってからは二臂で琵琶を持った姿で胎蔵界曼荼羅外金剛部院にある。眷属《けんぞく》には善財童子を加えた十六童子がある。

日本では七福神の1つに数えられ、敵を滅ぼし、福徳や財宝を授ける女神として信仰される。】

布袋〈改訂新版　世界大百科事典「布袋」〉

【中国、唐末五代の僧。名は契此、別に定応大師、長汀子ともよぶ。

容貌奇異、額と腹が大きく、いわゆる布袋腹である。

明州奉化県の岳林寺に名籍をもつだけで、嗣法を明かさず、居所を定めず、日常生活の道具を入れた布袋をかつぎ、杖を負うて各地に乞食し、人々が与えるものは何でも布袋に放り込んだことから、布袋の名を得た。

神異の行跡が多く、分身の奇あり、一鉢千家の飯、孤身幾度の秋云々、その他、謎のような偈頌《げじゅ》が知られて、生前すでに弥勒の化身とみられた。

滅後はさらに俗信が加わって、その像を画いて福を祈る風が生まれ、水墨画のテーマとなる。

近代は弥勒信仰の拡大とともに、いずれの寺でも、宗派を問わず、その木像を祭るようになり、観世音菩薩とあわせて、民衆にもっとも魅力のある尊像となる。

日本でも、早くより七福神の一人として、招福の神とみられるが、黄檗宗の伝来によって、その信仰がいよいよ強まり、今日に至る。】

福禄寿〈日本大百科全書（ニッポニカ）「福禄寿」〉

【七福神の一つ。福禄人ともいう。

幸福と封禄と長寿を兼ね備えるという中国の福神。

短身長頭で経巻を結んだ杖《つえ》を持つ姿に表現される。

南極星の化身という説もあり、また寿老人と混同されることもままある。

日本に導入されたのは、おもに禅宗の流布と関連する水墨画の題材としてであり、やがて七福神の一つに数えられるに至ったが、独自の福神としては一般の信仰対象にならなかった。】

寿老人〈日本大百科全書（ニッポニカ）「寿老人」〉

【七福神の一つで長寿を授ける神。

中国の宋《そう》代、元祐年間（１０８６〜93）の人物と伝えられ、その偶像化といわれている。

小柄な老人が鹿《しか》を伴い、巻物をつけた杖《つえ》を携えるというのが定型の姿である。

日本には禅宗伝来後における水墨画の発達に伴い、その画題の一つとして移入されたものらしい。

布袋《ほてい》、福禄寿《ふくろくじゅ》とともにのちには七福神の仲間入りをして福徳神の一つともされた。

しかし寿老人は瑞祥《ずいしょう》の象形とはされたが、個別に福神として信仰されるには至らなかった。

なお、南極星の化身ともいわれる長頭短躯《たんく》の福禄寿と寿老人は似た性格をもっていて、異名同体とされるなど、かなり混同されてもきた。】

七福神めぐりの仕方

調べてみると、日本のあちらこちらに「七福神めぐり」があることがわかりました。ただし、前述したように、お正月しかできない（その期間しか七福神めぐりの色紙が売られていない、ご朱印がもらえない）、1月だけしかできない、1月と毎月1日だけしかできないなど、期間が限られているところがけっこうありました。

私が取材をしたのはゴールデンウィークから初夏にかけてだったので、通年七福神めぐりができるところばかりをまわりました。

7ヶ所の神社仏閣はどこからまわってもオーケーです。もしかしたら、まわる順番が決められている七福神めぐりがあるかもしれませんが、私が取材したところはどこを始点にしても大丈夫でした。

私はすべて1日でめぐりましたが、日をまたいでもかまいません。七福神めぐりの合間に、他の神社仏閣を参拝しても効果は変わらないです。何日かに分けてめぐっても、途中で別の寺社を参拝しても、ご朱印が揃った色紙は特別ですから、心配はいりません。

ご朱印をもらうのは参拝前でもいいし、あとでも問題ありませんでした。私はできるだけ参拝を先にして、帰る時にもらうようにしましたが、先にもらったところもあります。

ご朱印は七福神めぐり用の色紙にもらうことをおすすめします。ご朱印帳にもらうのもアリだとは思いますが、同じページに７つ揃わないので、七福神めぐりという特別なくくりになりません。非常にもったいないです（意味は後述します）。

どこも専用の色紙がありますので（もしかしたら、ないところがあるかもしれません。事前に調べることをおすすめします）、それを持って７ヶ所をめぐります。

私は「七福神めぐりは縁起がいいのかも？」という期待だけで、なんの先入観も持たず七福神めぐりを始めました。

回を追うごとに「こういうことなのか！」「こうなっているのか！」と詳しいことが判明していきました。というわけで、めぐった順番で書いていこうと思います。

第2章 七福神めぐりにはごりやくがあった

新宿山ノ手七福神めぐり
～東京都～

太宗寺（布袋）◀ 稲荷鬼王神社（恵比須）◀ 永福寺（福禄寿）◀ 厳嶋神社（弁財天）◀ 法善寺（寿老人）◀ 経王寺（大黒天）◀ 善國寺（毘沙門天）

太宗寺《たいそうじ》（布袋）〈東京都新宿区新宿〉

ご本尊が阿弥陀如来《あみだにょらい》のお寺です。私が行った時は本堂の扉が閉まっていたので、手を合わせることができませんでした。

パッと目についたお堂に近づいてみると「閻魔堂《えんまどう》」となっていました。小さな閻魔像があるのかな〜、と入ってみたら、けっこう大きくて迫力のある閻魔像が置かれていました。仏像というよりは人物像みたいな感じで、カラフルな像です。

この閻魔像は「内藤新宿のお閻魔さん」と昔から親しまれてきた、都内最大の閻魔像だそうです。内藤新宿って何？　と調べてみたら、甲州街道にあった宿場のことで、江戸四宿のひとつだったらしいです。

お寺にあった案内板に、このお寺がかつての内藤新宿の仲町に位置している……みたいなことが書かれていたので、太宗寺のあたりが宿場町だったのですね。

閻魔像は道がつながっていました。

「道がつながっている」とはどういう意味かと言いますと、その仏様が仏像から出てくることができる、ということです。

神様と仏様は存在が違っていて、神様は神社にいます。実体として「いる」のです。けれど、仏様はお寺にはいません。須弥山《しゅみせん》など別の場所にいて、必要に応じて仏像から出てくるのです。すべての仏像から出てくるわけではなく、仏様ご本人と道がつながっている仏像に限られます。

つまり、道がつながっている閻魔像からは閻魔さんが出てきます。直接お話を聞いてもらえますし、波動などももらえます。東京で閻魔さんを信仰したい人におすすめのお寺です。

驚いたのは、閻魔さんの左隣に奪衣婆《だつえば》の像があったことです。奪衣婆像は珍しいです。しかも道がつながっていて、その道も太かったです。

奪衣婆って仏様として本当にいるんだ！　とビックリしました。仏様としていることを考えると、奪衣婆像は他の仏像のように多くないため、もしかしたら奪衣婆像にはすべて道がつながっているのかもしれません。

奪衣婆とは、三途《さんず》の川の向こう側にいる老婆のことです。閻魔大王のお仕事を手伝っています。三途の川を渡ってきた者の衣服を無理やりはぎ取り、それを木に掛け、その者の生前の業《ごう》（罪）の重さを調べる、というお仕事をまかされています。

なぜ服で業の重さがわかるのかというと、三途の川には３パターンの渡り方があるからです。橋を渡る、浅瀬を歩く、深いところを泳ぐ、です。どのように生きてきたのかで、渡り方が自動的に決まります。

橋を渡ってきた人の衣服は濡れていませんが、泳いできた人の服は濡れて、ずっしりと重たくなっています。その重さで判断する、というわけです。

奪衣婆は一般的に広く知られていないので、像があるお寺は貴重です。しかもここの像は、閻魔さんよりはるかに恐ろしい容貌に作られていて、見ごたえがあります。

この2体がある閻魔堂では、あちらの世界に関するお願い（故人のことなど）をするといいです。江戸時代から庶民に信仰されてきた仏様方です。


布袋像は「不動堂」に祀《まつ》られていました。

ここのお不動さんは三日月不動明王《みかづきふどうみょうおう》という、これまた珍しいお不動さんでした。額の上に銀でできた三日月があり、それがキラキラと光っているのです。

その手前に布袋さんの小さな像が置かれていました。厨子《ずし》に入っていて、分厚い座布団に座っています。

お不動さんにお聞きすると、道はつながっていないとのことでした。

私個人の感想ですが、布袋像は仏像という雰囲気ではなく、あえて言うなら、七福神という構成、仕組みの中のひとつでした。七福神として企画されたシステムの一部です。道がつながっていないため、この像にパワーを込めていたのはお不動さんでした。道はつながっていないけれど、縁起はいいです。もしかしたら七福神めぐりは、７ヶ所をまわることによって、神社やお寺から７つの恩恵をもらうようにできているのかもしれません。

ここで七福神めぐり用の大型色紙を買いました。８００円でした。

余談ですが、私は現地でマップだけを見て行ったため、太宗寺へ行く時は歓楽街を通りました。太宗寺から次の稲荷鬼王神社《いなりきおうじんじゃ》へは、なんと、ラブホテル街を突っ切りました。本当にど真ん中を歩いたので、右も左もラブホテルだらけでした。

冷や汗たらたらで歩きました。どこに入るか検討しつつ歩いているカップルが多くいたからです。そんな雰囲気のところに、リュックを背負い、大きな色紙が入った袋を持って、おばちゃんがてくてくと歩くのは……勇気がいりました（笑）。

うわ〜、そういうところは遠慮したい〜、という人は事前にルートを調べておくことをおすすめします。

稲荷鬼王神社《いなりきおうじんじゃ》（恵比須）〈東京都新宿区歌舞伎町〉

街なかにあるお稲荷さんの神社です。

ここのお稲荷さんは若干黒っぽいお体をしていました。普通は、真っ白のお稲荷さんが鎮座しており、自然霊のままでいる茶色のお稲荷さんもたまに見かけます。けれどここはご祭神が黒っぽい（黒ではありません）ので、驚きました。

お稲荷さんにお話を聞いて、「妖《よう》」のパワーを持っていることがわかりました。ダークなパワーも使えるそうです。神様ではありません。神奈川県の箱根に「妖」パワーを持った龍がいますが（詳しいことは『龍で開運！』という本に書いています）、同じような感じです。

どうしてダークなパワーを持っているのか、持たないといけないのかというと、この場所が新宿という街だから、だそうです。

新宿の繁華街は善悪が複雑に入り乱れているらしく、犯罪の現場になることもよくあります。そのような街で、範囲も広いため、悪い「気」がちょこちょことあちこちにあるわけです。

その犯罪がらみのよくない「気」から参拝者を守るには、ダークな力が使えないと難しいそうです。それでダークパワーを持っているこのお稲荷さんが鎮座しているのです。そういう方面に強いお稲荷さんだからです。

私にご縁を下さっている五芒星《ごぼうせい》お稲荷さんが、あとから補足してくれたのですが、新宿には「魔界化」しているところがあるそうです。そこはそばを通るだけで影響を受けるらしく、人間にとっては、本当に怖い場所だと言っていました。そのようなところが何ヶ所もあるそうです。

稲荷鬼王神社のお稲荷さんは、そんなところを通っても大丈夫なように守ってくれる、というわけです。ありがたいお稲荷さんですね。

新宿の魔界化したところでついた、よくない「気」を祓《はら》う専門の神社ですから、よくない「気」がある場所を通らないように、もしも通った場合、その影響を受けないようお願いをしておくといいです。１日持続する防御のご神気を浴びさせてくれます。

ここでは通常のお願いはしないほうがいい、というのが五芒星お稲荷さんのアドバイスです。正式なお札が非常にややこしいらしく、でもお札は必ずしないといけないお稲荷さんなので、そこが難しいと言っていました。

ちなみに、願掛けによっては、お礼をしないとよくないことが起こったりもするらしいので、願掛けをする人はお礼を忘れないようにします。

魔界化した場所の影響を受けませんように、というお願いは、お願いに入らないそうです。そのようなことをするのが通常業務、みたいな感じなので、このお願いに関してはお礼はしなくても大丈夫です。

参道の左側に恵比須神社（境内社です）がありました。鳥居の上には「恵比須宝船」が載せられていて縁起がいいです。手を合わせてみましたが、恵比須さんの声は聞こえませんでしたし、姿も見えなかったです。

布袋さんと同じく、七福神というシステムの中の1柱のように感じました。

永福寺《えいふくじ》（福禄寿）〈東京都新宿区新宿〉

ぱっと見、人の家に入っていくような入口だったので、若干ビビりました。

境内にはこぢんまりとした小さな福禄寿のお堂があります。手を合わせてご挨拶をし、中を見せてもらうと、なんとも言えない表情の福禄寿像が安置されていました。笑顔のようですがよく見るとそうではなく、照れたような喜びの顔に見えます。

たとえて言えば、めったに手に入らない貴重なお饅頭《まんじゅう》を、たったひとつだけ持っている人が、「よかったらどうぞ」と差し出してくれた。「えっ？　そんな大事なお饅頭をワシにくれるの？　実はワシ、お饅頭大好きやねん。これはどうも、どうも」と、思わぬところで得をしたような、そんなちょっとした喜びの顔に見えます。味のある表情です。

ここでも、仏様としての声は聞こえませんでしたし、姿も見えませんでした。

このお寺には銅造の大日如来《だいにちにょらい》さんとお地蔵さんが、外に置かれています。どちらも道が太くつながっている仏像です。その横にも道がつながっている３体の石仏がありました。

私が行った時は、喪服を着ていた人が何人かいて、バタバタしていました。もしかしたら、納骨していたのかもしれません。

七福神のご朱印をもらおうと寺務所に行くと、最初は女性が出てこられました。そして、色紙を持って奥へと行きました。少し待っていると、作務衣《さむえ》を着たおじさん（住職さんかもしれませんが、親しみを込めておじさんと呼ばせていただきます）がご朱印を書いた色紙を持ってきてくれました。

この方がすごく丁寧に説明をしてくれました。

「七福神めぐりは初めて?」

「はい」

そう答えると、私がどこに行ってきたのかを確認し、次に行くところを教えてくれました。厳嶋神社《いつくしまじんじゃ》ではご朱印がもらえない、だからお参りだけをして、西向天神社《にしむきてんじんしゃ》でご朱印をもらう……ということから、西向天神社と法善寺《ほうぜんじ》への行き方、道を曲がるところの目印など、細かく教えてくれたのです。

そのあとのルートの説明もしてくれて、経王寺《きょうおうじ》に行く時は近くに信号がない、だから最初から道のこちら側を歩いたほうがよいとか、それはもう細部に至るまでわかりやすく教えてくれました。

おじさんからはこのお寺の仏様の優しさが感じられました。大日如来さんとお地蔵さんには軽く手を合わせただけでしたが、せっかく来たのだから、という仏様なりのおもてなしだったようです。

親切なおじさんに心からお礼を述べ、次へと向かいました。

私はここで初めて知ったのですが、七福神のミニ人形？　おみくじの容器？　でしょうか、それが各寺社で売られていました。福禄寿のここには福禄寿のミニ人形があったのです。

きゃ〜、これも買って7つ集めればよかった〜、しまった〜、と頭を抱えて嘆きました。せっかくですから買おうかなと思ったのですが、すでに2ヶ所、参拝をすませています。あと戻りするのは面倒だし、無理だと思ったので、ミニ人形はあきらめました。ひとつ500円でした。

厳嶋神社《いつくしまじんじゃ》（弁財天）〈東京都新宿区余丁町〉

永福寺のすぐ近くにあります。狭い敷地ですが、歴史のある神社でした。社務所はありませんから、ご朱印は西向天神社でもらいます。お正月の7日間だけは、ここでもご朱印がもらえるそうです。

狭い境内ですが、池がありました。鯉《こい》がいるのかな？　と思って池をのぞいて……ビックリ仰天です。なんと！　どでかい金魚がいるのです！　サイズが常識を超えたもので、鯉と同じ大きさの金魚でした。

え？　金魚ってここまで大きく育つもんなん？　としげしげと観察しました。巨大な金魚は真っ白と黄金色がいて、ヒレをひら〜ひら〜とさせながら泳いでいました。

この金魚が超縁起がいいのです。縁起のいい神社なんだ〜、とあらためて境内を眺めました。七福神めぐりの1ヶ所になったので、神様が縁起のいい「気」を持って帰れるようにしているのです。

ここのご朱印の話を聞いた時は、西向天神社に行って「ご朱印だけもらえばいいか〜」と思いました。7つのご朱印が揃っていればいいだろうと思ったのです。

しかし、永福寺のおじさんが「お参りは厳嶋神社ね。そして、西向天神社に行ってご朱印をもらうのだけれど、お参りは厳嶋神社だからね」と、2回も神社の名前を言ったのです。お参りはするように、ということも2回言いました。それで、7ヶ所で手を合わせないとごりやくがないのかも？　と考え、パスしなかったのです。

おじさんが2回言わなかったら、もしかしたら行っていなかったかもしれません。

そこでよーく考えてみたら、ご朱印が7つ揃ったからといって、七福神めぐりをしたことにはならないと気づきました。七福神めぐりは文字どおり「めぐる」ことをしなければ結願《けちがん》しないわけです。

うわぁ、危なかった、おじさん、ありがとう！　と心の中で感謝しました。
厳嶋神社はスルーしなくて大正解でした。縁起のよい「気」をたっぷりともらって、次へと行きました。

法善寺《ほうぜんじ》（寿老人）〈東京都新宿区新宿〉

入口を入ると、正面に本堂があります。私が行った時は扉が閉まっていて、参拝はできませんでした。
はて？　寿老人はどこに？　と思ったら、本堂の右側にある建物の入口に、「寿老人」と書かれていました。戸を開けて中に入ると、そこに案内がありました。
『正面一番高い場所にいらっしゃるのが
　寿老人様です
　上がらずその場で合掌をお願い致します』
見ると、お部屋の奥の棚の、一番上に祀られています。しかし遠いため、しかも寿老人像が小さいのでよく見えず……とりあえず、寿老人だということで手を合わせました。
すると、奥から女性が出てこられたので、ご朱印をお願いしました。

この部屋には他に仏様はいませんし、寿老人さんは遠いし、このお寺では仏様の恩恵はもらえないのかな、とちょっぴり残念に思いました。


ここでちょっと時間を戻しまして……境内に入ったところでのお話です。

境内には、私の上の孫娘と年齢が同じくらいの男の子がいました。手におもちゃの銃（マシンガン）のようなものを持っています。

次の瞬間、そのマシンガンからシャボン玉がぶわわ～っと大量に出てきました。シャボン玉生成器だったのです。

「うわぁ！　すごいね！　それ！」

思わずそう話しかけると、男の子が返事をしてくれました。

「昨日、ドンキで買ったんだ」

「へぇ～、ドンキで買ったのかぁ～」

出てくるシャボン玉の多さと美しさに感動していたら、男の子はバンバンシャボン玉を出して見せてくれます。マシンガンについている取っ手を１回まわすだけで１００個くらい出ているのでは？　というくらいの量なのです。

「すごいね！」

と言って、ふと見ると寿老人と書いてある入口がありました。ちょっとここに入るね、と言って、戸を開けて中に入った、という流れです。


ご朱印をもらって、建物から出たところで、

「人がいるところでしないでね！」

と、母親である先ほどの女性が男の子に言いました。

私がそばに行くと、男の子はシャボン玉を出さずに、下を向いてじっとしています。

「もう1回見せてくれる？　写真を撮らせてもらってもいいかな？」

「うん、いいよ」

男の子はシャボン玉マシンガンを私に差し出します。

「ううん、違うの。悪いけど、もう1回、シャボン玉を出してくれるかな？　それを写真に撮りたいの」

「わかった！」

男の子は気前よく、またしてもバンバンシャボン玉を出してくれました。シャボン玉は

日に当たってキラキラしていて、とてもキレイです。

そこで女性が出てきたので、シャボン玉を所望した理由を説明しました。

「私にも、同じ年齢くらいの孫が2人いるんです〜。このシャボン玉を出すマシンガンみたいなの、喜んでくれそうだから、孫に買ってあげようかなと思って」

すると女性は、懇切丁寧にいろいろなタイプのものがあることを教えてくれました。この値段だとこういうものがあるとか、どこに行けばそれが買えるとか、知っていることを全部教えます、みたいな親切さでした。

人当たりよくニコニコしていた女性と、惜しげもなくシャボン玉を見せてくれた男の子にお礼を言って、法善寺をあとにしました。

仏様の恩恵はもらえないのかな、と思ったからでしょうか。仏様の優しさが感じられる、あたたかい歓迎のサインをいただきました。ほっこりした気持ちにさせてもらい、それはしばらく持続しました。

素敵な恩恵を下さる仏様がいらっしゃるお寺でした。

経王寺《きょうおうじ》（大黒天）〈東京都新宿区原町〉

入口に新宿区教育委員会の説明板がありました。

『新宿山ノ手七福神のひとつで、日法上人《にっぽうしょうにん》の作、慶長三年（一五九八）に甲斐国身延山《みのぶさん》より移されたと伝えられる。

高さ十二センチの木造の立像で、大黒頭巾をかぶり小槌《こづち》と大袋を持ち、台座に乗る通規の様式だが、江戸時代のものと異なり、微笑面ではなく厳しい表情をしている。

室町時代の作と考えられ、度重なる火災にも焼け残ったことから「火防《ひぶ》せ大黒」として、また「新宿山ノ手七福神」の大黒天として崇敬されている。』

説明板には大黒天の写真が載せられていて、その表情が厳しいというか、すごく不機嫌そうです。オイ！　コラァ！　お前誰やねん！　ワシの前を横切んなや！　と言っているような……そんなお顔をしています。

この大黒さんは1年に6回ある甲子日《きのえねのひ》にご開帳され、祈禱《きとう》が行なわれるそうです。なので、それ以外の日は秘仏ですから、お会いすることはできません。

石段を上がると、正面にお堂がありますが、「図書館」みたいなことが書かれていました。はて？　と思ったのですが、意味はわかりませんでした。大黒天のご朱印をもらうの

３回振って願う打ち出の小槌

はここではありません。右手にあるのが大黒堂です。

お堂の中に入ると、ご朱印の受付に男の人がつつつーっとやってきました。その人のお顔を見て驚きました。まさに大黒さんやん！　と思ったのです。厳しい顔の大黒さんではなく、一般的な大黒さんに似ているのです。

うわ〜、めっちゃ似てるんですけど！

と見つめていたら、

「そこの打ち出の小槌をさわって、３回振ってお願いごとをして下さいね〜」

と言います。もちろん、即座に言われたとおりにやりました。

「打ち出の小槌だけは写真を撮ってもいいですよ〜」

もちろん、すぐに撮りました（笑）。大黒さんにそっくりですから、言われたとおりにすると運気が上がるように思ったのです。

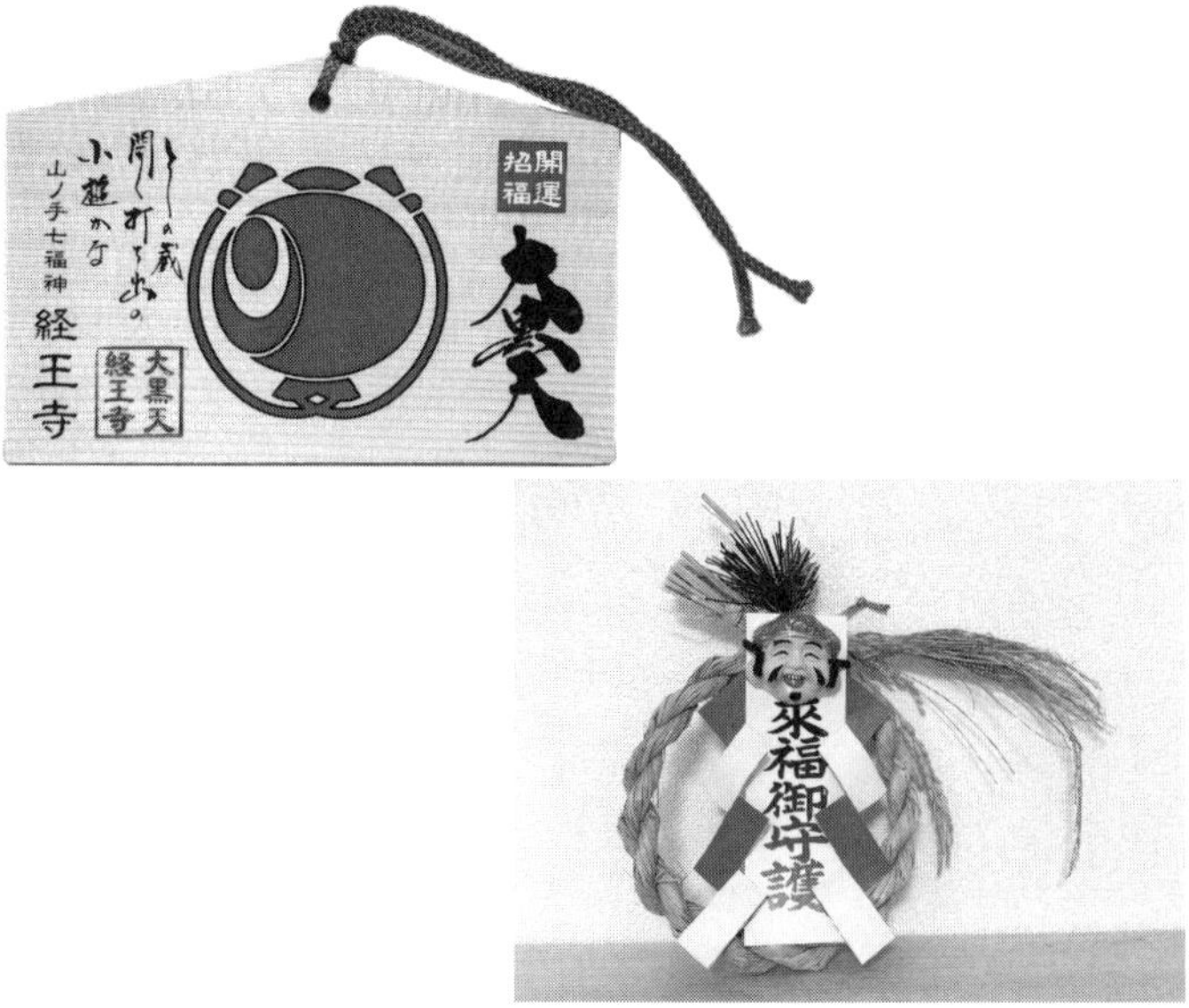

経王寺「大黒天」の絵馬としめ縄飾り

　そうだ！　この人から何か買ったら、ツキがまわってくるかもしれない！　と考えた私は、絵馬と丸いしめ縄飾りを買いました。

　大黒さんに似た男性がいつもいるのかどうかわかりませんが、大黒天のお寺ですから、縁起がよかったです。

善國寺《ぜんこくじ》（毘沙門天）

〈東京都新宿区神楽坂〉

　街なかにあるお寺であり、やや異国情緒が漂っている境内です。周囲は神楽坂《かぐらざか》でオシャレですが、昔ながらのお寺という感じでした。

ここでは毘沙門天さんをそのまま仏様として拝むことができます。ここまでの七福神は縁起のよい象徴として見てきましたが、ここでは「おぉ～、仏様だ！」と感激しました。正面ではなく、本堂の左側が手を合わせるところになっています。

　毘沙門天さんの前には御簾《みす》が掛かっていて、仏像を見ることはできませんが、声は届きます。ご開帳はお正月と、5月・9月の寅《とら》の日だそうです。

　ここが私の新宿山ノ手七福神めぐりの結びでした。

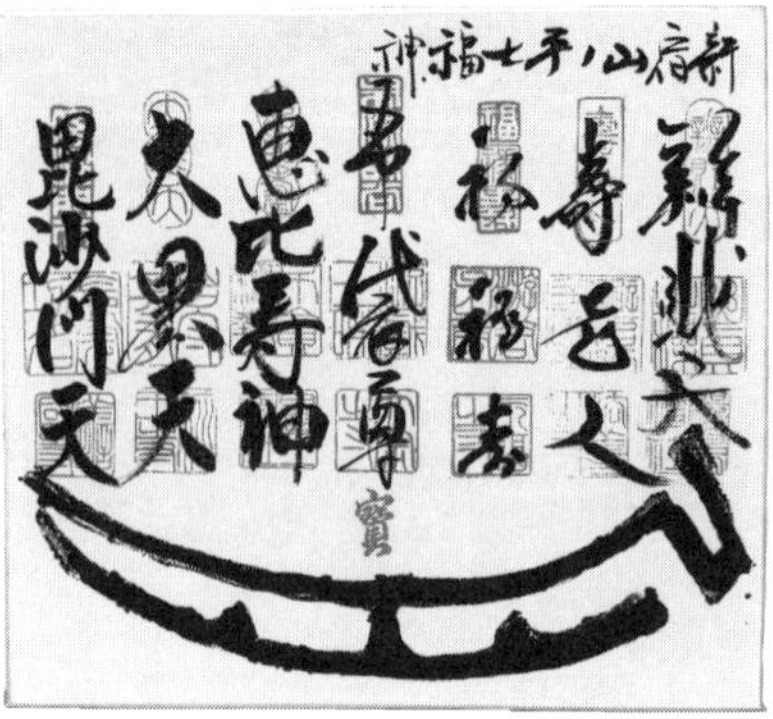

新宿山ノ手七福神めぐりのご朱印色紙

ご朱印をもらって、めでたく七福神めぐりの色紙が完成しました。

参拝後の気づき

めぐったのは、7寺社プラスご朱印をいただくための神社1社でした。

まわっている途中で軽く食事をして15分の休憩を取りました。トータルで3時間15分かかったので、七福神めぐりだけだったら徒歩で3時間というところです。

七福神めぐりの取材第一弾としての収穫は、七福神というくくりで参拝をすると、各寺社で運気アップを後押しする「気」がもらえる、ということです。

前述したように、ご祭神やご本尊は七福神めぐりの1社となっていることを意識しているというか、イベントとして認識していますから、参拝に来た人には「お疲れさん」という意味で運気アップを後押しする「気」を渡してくれるのです。

これは宝くじに当たる、というほど強烈に作用するものではありませんが、人によっては大喜びするラッキーが訪れます。

さらにありがたいことに、七福神めぐりは〝縁起物作り〟である、ということが判明しました。お手製と言いますか、自分のために自分で縁起物を作れるのです。

私は、七福神めぐりをするきっかけとなった京都の都七福神まいりの色紙を持っています。まわっている途中でご朱印集めをやめたため、あらかじめ全部のご朱印が書かれている完成品を買いました。ご朱印をひとつひとつ自分で集めたものではありません。ですから、縁起物ではなかったのです。

自分の足で7ヶ所をまわり、ひとつひとつご朱印を集めた色紙は、お手製の立派な縁起物になっていました。ちゃんと運を呼び込んでくれます。

縁起物は探してもなかなか見つかりません。それを自分で作れるのです。これは、すごい発見でした。

七福神めぐりをすると運気がアップするというのは、迷信ではなく本当だった、ということがこの七福神めぐりでわかりました。

第3章 七福神めぐりの仕組みとは

青梅七福神めぐり

～東京都～

玉泉寺（弁財天）◀ 宗建寺（毘沙門天）◀ 延命寺（大黒天）◀ 清宝院（恵比須）◀ 地蔵院（布袋）◀ 明白院（福禄寿）◀ 聞修院（寿老人）

玉泉寺《ぎょくせんじ》（弁財天）〈東京都青梅市長淵〉

創建は鎌倉時代末で、歴史のあるお寺です。創建当時は多摩川の南岸にあり、弁財天を祀ったのがお寺の始まりだそうです。ですから、弁天さんは古くからおられるというわけです。

参拝をした日はお天気がよく、スッキリと爽やかな青空でした。玉泉寺の門をくぐると、キラキラとした木々の緑が目に飛び込んできました。新緑が鮮やかな境内です。

ご本尊（十一面観音菩薩《かんのんぼさつ》）がいる本堂は閉まっていましたが、薬師堂と地蔵堂、弁財天堂には手を合わせることができました。まずは薬師如来さんに手を合わせ、お地蔵さんにもご挨拶をして、それから弁財天堂に参拝しました。菅原地蔵と書かれたお堂にもお地蔵さんがいたので、ご挨拶をしました。

弁財天堂の扉には絵馬がたくさん掛けられています。千羽鶴も天井《てんじょう》からいくつか下げられていて、オープンな感じの明るいお堂でした。

弁天さんは厨子に入っていましたが、厨子の扉が開かれているので、直接拝むことができます。とても小さな仏像ですし、古いためか黒っぽくて、お顔がよく見えませんでしたが、優しい「気」が漂っていました。

お参りを終えて寺務所へ行くと、七福神めぐりの色紙以外に、七福神めぐりの絵馬と小さな七福神の人形がありました。前回の七福神めぐりは色紙だけだったので、今回は絵馬にもハンコをもらうことにし、小さい人形も７つ揃えることにしました。

寺務所で対応してくれた男性（住職さんかもしれません）が、とても感じがよくて、優しかったので、幸《さい》先《さき》のよいスタートとなりました。

ちなみにご朱印の受付は、午前中は9時から12時まで、午後は13時から16時までだそうです。

青梅七福神めぐりのご朱印絵馬

宗建寺《そうけんじ》（毘沙門天）〈東京都青梅市千ヶ瀬町〉

門のところに「多摩青梅七福神」ののぼりがあって

わかりやすく、毘沙門天がご本尊のお寺です。

境内に入ると、「ああ、お寺だなぁ」と感じる庭が広がっていました。入ってすぐの右手には水琴窟《すいきんくつ》と、大きなカエルの像がありました。奥に行くと、お地蔵さんのお堂や、小さな三重塔があり、最奥には離れ？　という感じの建物（妙音堂）があります。

妙音堂には弁財天が祀られているそうです。どのような弁天さんなのかな〜、と必死で目を凝らして見ましたが、仏像が小さいのと古くて黒っぽいため、細部までは確認できませんでした。

妙音堂の石段横には珍しい石仏があります。庚申塔《こうしんとう》（庚申塚）だそうです。

庚申塚といえば、四面にすべて仏様が彫られている柱状のものが一般的です。しかし、ここの庚申塔は円盤を台座に載せているような形でした。

円の中には邪鬼を踏みつけている金剛さんが彫られており、台座の下には西洋の妖怪？　と思えるような、3匹のサルが彫られています。極めて珍しい庚申塚だったので、じっくり観察させてもらいました。

本堂の前にも多摩青梅七福神ののぼりが立っており、そこに、

『毘沙門尊天（ガラスを開けてお参り下さい。お参りがすみましたら閉めて下さい）』

と書かれています。

扉を開けると、手前に大きなお前立ち（秘仏で厨子の扉が閉まっている場合、その前に身代わりとして置かれる仏像のことです）が安置されています。その横には毘沙門天の仏画がいくつか飾られていました。ご本尊は見えないようになっていましたが、写真があるのでどのようなお姿なのかわかるようになっています。舶来？　という雰囲気の仏像でした。

延命寺《えんめいじ》（大黒天）〈東京都青梅市住江町〉

青梅七福神めぐりの公式サイトに書かれている説明です。

【1369年（応安2年）6月創建。開山は「季竜元筍禅師」本尊は釈迦如来。脇侍は延命地蔵菩薩（右）、不動明王（左）

応安2年に当寺を建立に当たり、開山の郷里である大阪堺の住吉明神を鎮守として勧請。住吉山と号す。いまだ火災にあうことなく、創建当時の棟札をはじめ、650年の歴史が克明に伝えられています。境内には安産子育ての呑龍堂や天神社、小さいが木造の五重塔があります。】

境内には、青梅天神と書かれた小さなお堂があり、そこには仏像というよりも人物像といった雰囲気の木像が祀られていました。呑龍《どんりゅう》大上人と書かれた提灯《ちょうちん》がいくつも下がっているお堂もありました。

本堂は閉まっていたので、ガラスのところからちょっと中を見せてもらいましたが、残念ながら大黒さんがどこにいるのかわからず……とりあえず、ご本尊にご挨拶をしておきました。

清宝院《せいほういん》（恵比須）〈東京都青梅市大柳町〉

境内にあった「清宝院縁起略」を見ると、三度の火災により創建は未詳であるが、境内から出土した燈明皿《とうみょうざら》等から、室町時代の創建だと考えれられる、ということが書かれていました。

ご本尊は、成田山新勝寺のご本尊を五尺に写した不動明王で、安政5年に新勝寺の僧正によって開眼《かいげん》、馬の背に乗せて招来安置したそうです。

境内はそんなに広くはありませんが、歴史を感じる「気」が流れています。魂が落ち着くというか、ほっとする仏様の「気」です。私が一番のんびりできたのはここでした。

恵比須さんの小さなお堂があって、木像の恵比須像が置かれています。石仏の毘沙門天像も横の場所に安置されていて、手を合わせられるようになっています。

すごかったのは池の鯉です。思いっきり飛び上がって、バッシャーン！　と派手にダイビングしていました。特に元気がよかったのは白っぽい鯉で、ジャンプ力が並外れていました。鯉のジャンプは縁起がいいのでしばらく見学させてもらいました。

珍しいロングヘアの狛犬

狛犬《こまいぬ》像が見たことのないロングヘア、というのもほっこりさせてくれるお寺でした。

地蔵院《じぞういん》（布袋）〈東京都青梅市畑中〉

ここでは駐車場に車を停めて参道から入っていく時に、住職さんでしょうか、男性がご自宅のほうから急いで来られました。お庭でパーティーをする準備をしていたので、「うわぁ。なんだかすみません！」と恐縮しました。

行ったのはゴールデンウィーク中です。住職さんのゴールデンウィークプランの邪魔をしてはいけないという意識が働き、「急いでご朱印をもらって辞去せねば！」と内心あわてました。

住職さんがにこやかに接して下さったので緊張がほぐれ、さすが仏様のもとでお仕事をされているお人だと思いました。

境内にある布袋堂には、お賽銭箱《さいせんばこ》の左にやや大きめの布袋像があり、右にはお相撲《すもう》さん？　といった感じの迫力ある像が置かれていました。正面の厨子に安置されていたのは、焼け出されたためか、ススのついた小さくて形が整っていない像でした。

ご本尊のお地蔵さんに手を合わせることはできませんでしたが、参道脇には、これぞ庚申塚！　という石柱があるので一見の価値ありです。

明白院《めいばくいん》（福禄寿）〈東京都青梅市日向和田〉
永禄10年（１５６７）の創建だそうです。
山門を入って左にある「開山堂」でまずご挨拶をしました。奥にはお坊さんの像が安置されていて、たぶん開基だろうと思います。左右の壁際には位牌《いはい》がたくさん並べられていました。

手前にある大きな福禄寿像が、なんとも言えない表情でこちらを見ています。目に入った瞬間に「寿老人？」と思ったくらい、区別がつかなかった像です。厨子に入った小さな福禄寿像もありました。

私が行ったのは12時半過ぎで、ちょうどお昼のお休み時間でした。ここのご朱印受付も、午前は9時から12時、午後は13時から16時です。

参拝のあと、境内のベンチに座らせてもらい、何も考えず頭を空っぽにして、ただひたすらぼーっとして待ちました。

静寂なお寺で、周辺もシーンと静かでした。いるのはお寺の境内ですから、シーンとしていると心が落ち着き、ふわ〜っと心が解放されます。妙に心地いいのです。ありがたく休憩をさせてもらってからご朱印をもらい、次へと向かいました。

聞修院《もんしゅういん》（寿老人）〈東京都青梅市黒沢〉

天文《てんぶん》年間創建のお寺です。青梅市観光協会の公式サイトに、

【寿老人像は本尊脇に古くより奉安され、代々の住職が黒沢村の住人の長寿を祈願したといわれます。】

と書かれています。古くからある寿老人像のようです。

お寺はけっこう山の中にあり、私が行った時は数羽のうぐいすが鳴く練習をしていました。中には、ヒーホケキョ！　としか鳴けないものがいて、ほのぼのとした気持ちにさせてもらいました。

山の中ですから、新緑が美しく、のんびりとした時間の流れを感じられるお寺です。

寿老堂は小さくて、厨子に安置された寿老人像が祀られていました。小さな像ですが、巻物をふむふむと読んでいるお姿には親近感を覚えます。

境内には七福神の石仏がありました。

ここで青梅七福神めぐりが結願しました。

参拝後の気づき

青梅市は、私が過去に7年間暮らした東京23区（東京で2度引っ越しをしたので、3ヶ所の地域のことを言っています）と違って、セカセカ、ガヤガヤしたところはありませんでした。大らかな雰囲気の土地で、ゆったりしているのです。

青梅の七福神めぐりは急いでまわるのではなく、青梅市内を楽しみながらまわるタイプです。ちなみに、７ヶ所とも大きな寺院ではありません。どちらかというとこぢんまりしているので、大きなお寺を想像していくと、その差に驚くかもしれません。

地域に密着したお寺ですから、どのお寺にもすべて墓地があります。墓地があるから縁起が悪いというわけではないので、そこは気にしなくても大丈夫です。

私が青梅七福神めぐりをしたのは連休中でしたが、どこも私以外の参拝者は見当たりませんでした。地元のお寺であり、観光地ではないのだな～、と思いました。

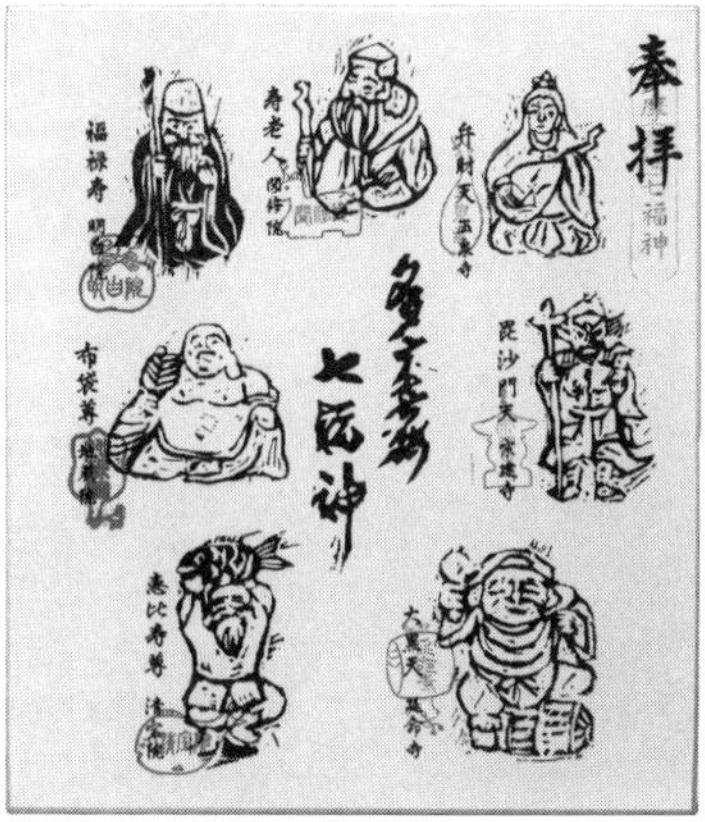

青梅七福神めぐりのご朱印色紙

２回目の七福神めぐりを終えて、七福神の仕組みが少し見えてきました。

七福神像は、すべて道がつながっているわけではありません。どちらかというと、つながっていない像のほうが多いです。では、お参りをしても意味がないのでは？　と思われるかもしれませんが、そうではありません。

お寺のご本尊は、そこが七福神めぐりのお寺になっていることをご存じです。ご本尊が薬師如来さんや観音さんだったら、ご自身は七福神ではありません。けれど、よい運気をいただきたいとワクワクして、七福神めぐりとしてやって来る人がいるわけです。

七福神像に道がつながっていないことを知っているご本尊は、参拝に来た人を徒労に終わらせるようなことをしません。ご自身が七福神の代わりに、参拝者に縁起のよい「気」、運気アップを後押しする「気」を与えています。七福神像に道がつながっていなくても、そのお寺のご本尊が代わりになってくれるため、恩恵はもらえます。

ですから、七福神めぐりではご本尊（神社だったらご祭神）にもご挨拶をしておくことは必須です。


小さな人形も、自分で七福神をめぐり、ひとつひとつ購入して7個集めると、縁起物となることもわかりました。ちゃんと運を呼び込むように輝きます。自分で縁起物を作る、ということに関しては、新宿山ノ手七福神めぐりと青梅七福神めぐりに違いはなく、どこの七福神めぐりも同じだということが確認できました。

第4章

七福神めぐりでの願掛け

浅草名所七福神めぐり

〜東京都〜

鷲神社（寿老人）
◀ 吉原神社（弁財天）
◀ 矢先稲荷神社（福禄寿）
◀ 浅草寺（大黒天）
◀ 浅草神社（恵比須）
◀ 待乳山聖天（毘沙門天）
◀ 今戸神社（福禄寿）
◀ 橋場不動尊（布袋）
◀ 石浜神社（寿老人）

浅草名所《などころ》七福神めぐりをする前に考えたこと

七福神めぐりは7ヶ所をまわります。どの寺社のご祭神、ご本尊も、七福神めぐりの中のひとつであることを知っていますから、縁起のよい「気」などを与えてくれます。これは、七福神めぐり7社というグループ活動のようなものになっています。

そこでふと思いつきました。7ヶ所で同じ願掛けをすれば叶いやすいのでは？　と。

もしかしたら、7柱の神仏が協力して願いを叶えてくれるかもしれません。この場合、1柱の神仏が叶えるよりも、省エネルギーですむわけです。7柱が力を少しずつ出し合えばいいので、7分の1のパワーですみます。

このようなことをあれこれ考えていると、祈願をしないのはもったいないような気持ちになりました。

そこで、3回目となる浅草の七福神めぐりでは、願掛けをしてみることにしました。

浅草名所七福神めぐりは7ヶ所ではなく9ヶ所をめぐります。私は9ヶ所すべてでまったく同じ願掛けをしました。この時に気をつけなければいけないのは、内容を変えない、ということです。

たとえば「課長になれますように」というお願いをするとします。何ヶ所かはそのようにお願いしても、だんだんバリエーションをつけたくなると思います。するとЁ「次の人事で無理だったら、その次でもいいです」とつけ加えてみたり、「いったん課長代理になってから、課長に昇進でもかまいません」と言ってみたりするわけです。

余計なことを少しでも加えると願掛けの内容が変わってしまいます。違うお願いをすることになるため、叶うことはありません。

ですから、お願いはすべての寺社で一貫して同じ内容を話すのがコツです。

私がこの浅草名所七福神めぐりでお願いをしたのは「コロナの後遺症が消えますように」でした。

参拝の４ヶ月ほど前に新型コロナウイルス感染症にかかりました。発熱することなく、症状は軽かったのですが、後遺症がしつこかったです。両足のふくらはぎが張る、こわばる、という後遺症でした。長時間歩いたりすると痛むこともまれにあったりしましたが、でもそんなに深刻な状態ではありませんでした。

元夫は倦怠感《けんたいかん》が消えないと悩んでいたし、筋肉痛が続くという人もいたので、後遺症は誰にでもあるものなのかもしれない、ととらえると、私は軽症のようだし、「深刻に考えなくてもいいか」と思っていました。

ですから、今日もふくらはぎが張っているなぁ、今日はややこわばってるわ〜、と思うくらいでした。もちろん、ほとんど感じないくらい軽い日もあったりして、「ま、いつかは治るだろう」と考え、病院には行きませんでした。

しかし、いっこうに完治する気配がなく、4ヶ月が過ぎました。たいしたことはないとはいえ、まさか、このまま一生続くとか？　と不安になっていたところだったので、後遺症が消えるようお願いをすることにしたのです。

ちなみにここで願掛けをするまで、よその神仏にコロナの後遺症のことをお願いしたことはありません。


浅草名所七福神めぐりは、色紙の他に福絵がありました。せっかくなので、色紙と福絵にご朱印をもらい、縁起物を作ることにしました。お正月だったら「福笹」もあるそうで

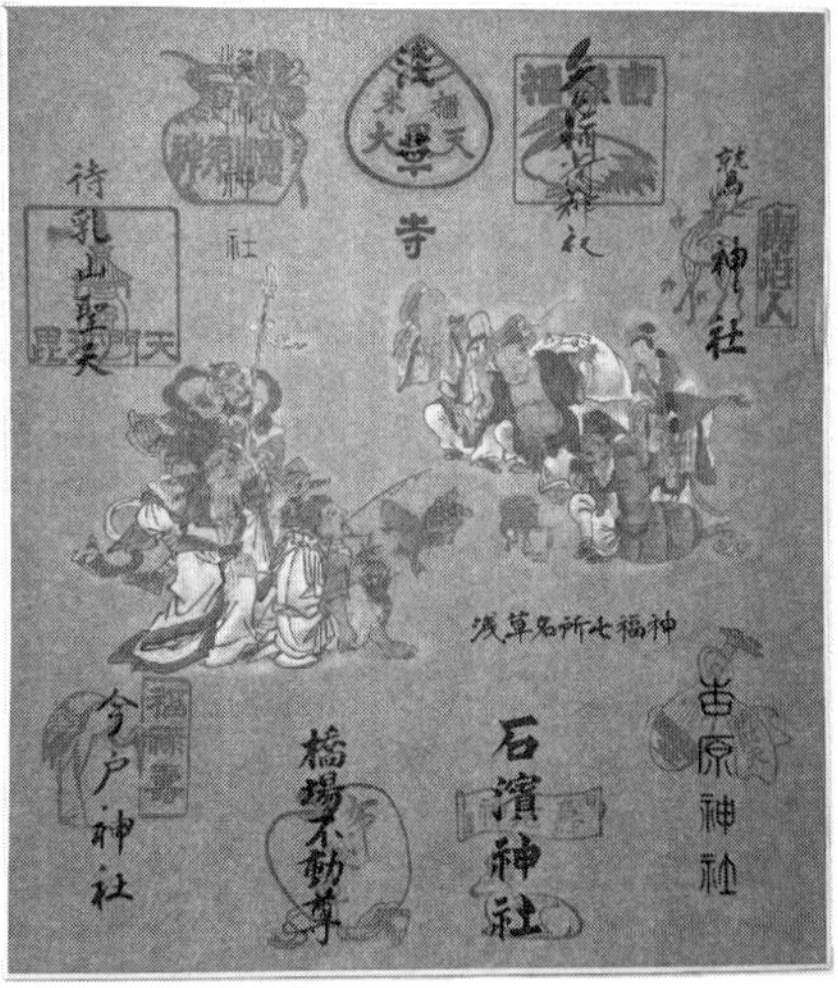

浅草名所七福神めぐりのご朱印福絵

す。各寺社で絵馬を買い、笹につけて完成させるらしいです。私がまわったのは5月だったので、残念ながら福笹がいただける季節ではありませんでした。

鷲《おおとり》神社《じんじゃ》（寿老人）〈東京都台東区千東〉

酉《とり》の市で有名です。『東京でひっそりスピリチュアル』という本に書いていますが、開運専門の神社です。よい運気を与える、人生をよくするなどのごりやくに徹している神様がおられます。

縁起物を作る七福神めぐりであり、願掛けをしてみようと決めた最初の七福神めぐりですから、スタートは開運専門の鷲神社を選びました。

この日は朝から雨で傘が必要でしたが、逆に言えば、参拝者が少ないので混雑しておらず、ご朱印をもらうのも並んだりしなくてよかったです。

七福神を重視するのであれば、願掛けは寿老人にすべきですが……1回目と2回目の七福神めぐりで学習したように、シンボルとなっている七福神像もあるわけです。

ですので、確実なほうに願掛けをしよう、ということで、神様にお願いをしました。

まず「七福神めぐりで来ました」と言い、それから七福神めぐりでのお願いとして、願掛けをすべての寺社ですることを伝え、内容を具体的にお話しました。最後に「七福神めぐりが無事に結願したら、どうかお願いを叶えて下さい！」と頭を下げました。

願掛けは七福神めぐりとして、ですから、結願は必須です。

吉原神社《よしわらじんじゃ》（弁財天）〈東京都台東区千束〉

まずは、吉原神社の公式サイトの「御由緒」を引用します（読みやすいように読点を打ったり改行したりしています）。

【吉原遊郭は元和3年（1617）、幕府の許可を得て、庄司甚右衛門が江戸市中に散在していた遊女屋を日本橋葺屋町《ふきやちょう》の東隣（現在の日本橋人形町周辺）に集めたことにはじまります。

この地には葦《よし》が生い茂っており、そこから「葦原」、転じて「吉原」と命名されました。しかし次第に吉原が江戸の中心地になってしまったため、明暦3年（１６６７）に当時は竜泉寺村とよばれていた現在地に移転となりました。以後、日本橋葺屋町付近にあった頃の吉原を「元吉原」、移転後の吉原を「新吉原」といいます。

この「新吉原」には廓の守護神として五つの稲荷社が存在しました。吉原の入口である大門《おおもん》の手前に「吉徳《よしとく》稲荷社」、さらに廓内の四隅には「榎本稲荷社」「明石稲荷社」「開運稲荷社」「九郎助稲荷社」がお祀りされていました。

その後明治14年に、これら五つの稲荷社が合祀され、総称して吉原神社と名付けられました。

当初は吉徳稲荷社旧地にお祀りされていましたが、関東大震災にて焼失。震災後は水道尻付近の仮社殿にてお祀りしていましたが、昭和9年に現在地へ新社殿を造営、そのさい新吉原隣接の花園池に鎮座する吉原弁財天も合祀しました。

その後昭和20年の東京大空襲で惜しくも焼失しますが、昭和43年に現社殿が造営されて現在に至ります。】（執筆時原文ママ）

私は東京に来てそんなに時間がたっていないため、土地や場所に関してはイマイチよくわかっていません。元吉原が日本橋の人形町あたりだったということは、小伝馬町《こでんまちょう》（人形町の近くにあり、江戸時代に吉田松陰さんが投獄された牢屋敷跡があります）を調べた時に知りました。

そうか、新吉原はこのあたりだったのか、と初めて知りました。

神社の境内は狭いので、長時間ウロウロするのは難しいです。

本殿で祝詞《のりと》を唱えたら、着物を着崩したような、遊女のお姿をした神様が出てきました。お稲荷さんが出てくるだろうと思っていたので、ビックリです。たぶん、生きていた時のお姿なのでしょう、しどけなく体を横たえているポーズで、私をじっと見ていました。

この神様にお話を聞くと、遊女の中にもいろいろな性格の人がいたと言います。スッパリと割り切っていた人もいれば、遊女がイヤでイヤで「死にたい」と日々嘆いていた人もいたそうです。そのような人は本当にかわいそうだった、と悲しそうな表情で語っていました。

心を病むほどに悩んでいた人を、なんとか助けてあげたい、という気持ちから、神様になったそうです。みずから命を絶った遊女も少なからずいたようで、誰も死なせたくない、死なずにすむよう救いたいと、強く思ったとのことです。

この神様は女性に特に優しいです。ごりやくには女性の心のケアもあり、性病や女性の下《しも》の病気などの平癒《へいゆ》もお得意だそうです。女性を助けたい、守りたい、という神様なのです。

境内には柔らかい雰囲気の石仏が2体あり、そのオーラに心がほのぼのとしました。

神社から歩いてすぐのところには、吉原弁財天本宮《もとみや》（吉原神社飛び地境内地）があります。こちらに弁天さんがいるというので、願掛けはそちらですることにしました。

湿地帯で池が多かったこの場所に新吉原が造成される時、一部が埋め立てられました。遊郭に隣接した場所に池があって、そのほとりに弁財天が祀られました。これが弁天池だそうです。かなりの信仰を集めていたみたいです。

大正12年（１９２３）の関東大震災で火災が発生し、避難してきた多くの人々と逃げ遅れた遊女たちがこの池に飛び込んだと伝わっています。４９０人もの犠牲者が出たとのことで、かなり大きな池だったと思われます。

戦後、ほとんどが埋め立てられ、今ではその一部が残っているだけで、関東大震災の犠牲者を慰霊するための観音像が祀られています。

入口に立つと、そこですでになんとも言えない、もの悲しい気持ちになりました。敷地に入ってみると、古くからの信仰が空間に残っていることがわかります。それがせつないような寂しいような、そんな信仰なのです。

「叶わないだろうけれど、願ってみる」という、人生を捨てたような心境、あきらめの心境が混じっています。希望を持たない、けれど神仏にはすがりたい……みたいな感じです。

どうにもならないだろうけれど、心の平安を保つために祈っている、そのような信仰、とイメージしてもらえば近いように思います。空虚というか、やるせない信仰です。

私はここで、もわもわ～っと一気に、猛烈に気分が悪くなりました。当時の、このあたり一帯に漂っていた渦巻く気持ち……嫌悪感とか、厭世《えんせい》感とか、投げやりな気持ちとか、それらにふれてしまったせいでした。

ここは過去に照準を合わせると、ダイレクトに影響を受けます。ですので、影響を受けないために、当時に思いを馳《は》せないようにします。

「遊女だった人はつらかっただろうな」「泣いて暮らしていた人も多かったのだろう」というふうに想像する、イメージをともなって〝集中して考える〟と、ピタリと過去に意識が合ってしまいます。自分がその場にいて、状況をすぐそばで見ているようにイメージする、過去のその場所に行って、こちらの空間から顔を出して見ているようにイメージすると、積極的に意識を合わせることになります。

意識を合わせないために、当時の吉原や遊女たちのことは考えず、〝現在〟という時間から意識を離さないようにすれば問題ありません。

足もとを見て「転ばないようにしよう」とか、「次に行くのはどこだっけ？」「夕食はなんにしようかな」など、考えることは現実に即したことだけにします。こうすれば、当時のもの悲しい信仰から影響を受けることはありません。

仮にうっかりもの悲しい信仰にふれたとしても、よくないことが起こるとか、何かが乗っかってくるといったことはないので、そこは心配いりません。

受ける影響は、その場での体調不良、なんとも言えない暗～～～い気持ちをしばらく引きずってしまう、くらいです。

弁財天堂は敷地の奥にありました。お堂正面にある鈴の紐の部分に、小さな鈴がたくさんつけられていて独特です。お堂の前には可愛らしいサイズの池があって、そこには縁起のよい色の鯉もいました。ごりやくありそう、という雰囲気でした。

お堂内部の奥にお社《やしろ》がありましたが、扉は閉まっていました。本来の弁財天像はどうやら秘仏のようで、お前立ちがありました。

実際に足を運んでわかったのですが、お願いをするのは神社です（私はこのあと神社に引き返して願掛けをしました）。神社には生前遊女だった神様と、姿を見せなかったけれど、ご祭神であるお稲荷さんがおられます（お稲荷さんには眷属もいます）。

どちらの神様にお願いをするのか、ということは、人間の私たちが指定しなくてもオーケーです。七福神めぐりとして願掛けをします、で問題ありません。

弁財天堂参拝はオプションとして考えたほうがいいです。必ず行かなければいけないところではありません。参拝してみたいな〜、と思えば行くといいですし、影響を受けそうでパスしたいという人はスルーしても大丈夫です。

七福神めぐりでは弁財天となっていますが、神社の神様がその役割を果たしてくれます。ご朱印をもらうのも神社ですから、オプションである弁財天堂に行くかどうかは個人の判断でいいと思います。

矢先稲荷神社《やさきいなりじんじゃ》（福禄寿）〈東京都台東区松が谷〉

境内に入ったところに「旧町名由来案内」という説明板があり、

『寛永十九年（一六四二）、この地域に「通し矢」で有名な京都東山の三十三間堂にならって浅草三十三間堂が建てられた。』

と書かれていました。

へぇぇぇぇーーー！　ですね。

その横に大きな由緒板があって、徳川三代将軍家光公が創建したことが載っていました。江戸にも三十三間堂《さんじゅうさんげんどう》があったのですね。そこには、当時はこんな感じでした〜、という絵があってわかりやすかったです。

他にも古い時代の地図を載せた看板もあり、歴史の勉強になりました。

参考までに、「浅草名所七福神」の公式サイトから由緒を引用します。

【寛永19（1642）年11月23日、時の三代将軍徳川家光公が国家の安泰と市民の安全祈願ならびに武道の練成のために、江戸浅草のこの地に三十三間堂を建立しました。

三十三間堂では弓の射技練成のために「通し矢」が行われました。通し矢は先人に勝てば堂に掲額できるとあって武士としての名誉となり、大いに流行したようです。この通し矢は江戸市民にも観覧が許され、評判を博しました。

京都の三十三間堂にならって建立されたこの堂の守護神として稲荷大明神を勧請し、その場所がちょうど的の先にあたっていたので「矢先稲荷」と名づけられました。いまからおよそ360年前のことになります。】

お稲荷さんの毛の色は茶色で、尻尾がわさ〜っと風になびいているようなお姿です。伏見稲荷大社で一から修行を行ないました、というガチガチの正統派お稲荷さんではなく、自然霊から神様になった自由でラフな印象のお稲荷さんです。

四角四面ではないため、願掛けも正統派の堅いもの限定ではありません。少々横道にそれたものでも叶います。力も強いです。

七福神めぐりとしては福禄寿の神社ですが、私はお稲荷さんにしっかりとお願いをしました。

浅草寺《せんそうじ》（大黒天）〈東京都台東区浅草〉

浅草寺の由緒を公式サイトから引用します。

【寺伝によると、ご本尊がお姿を現されたのは、飛鳥時代、推古天皇36年（628）3月18日の早朝であった。

宮戸川（今の隅田川）のほとりに住む檜前浜成・竹成兄弟が漁をしている最中、投網の中に一躰の像を発見した。仏像のことをよく知らなかった浜成・竹成兄弟は、像を水中に投じ、場所を変えて何度か網を打った。しかしそのたびに尊像が網にかかるばかりで、魚は捕れなかったので兄弟はこの尊像を持ち帰った。

土師中知（名前には諸説あり）という土地の長に見てもらうと、聖観世音菩薩の尊像であるとわかった。そして翌19日の朝、里の童子たちが草でつくったお堂に、この観音さまをお祀りした。「御名を称えて一心に願い事をすれば、必ず功徳をお授けくださる仏さまである」と、浜成・竹成兄弟や近隣の人びとに語り聞かせた中知は、やがて私宅を寺に改め、観音さまの礼拝供養に生涯を捧げた。】

隅田川から現れた観音さんがご本尊の浅草寺は、いつ行っても参拝客でごった返しています。仏様は秘仏ですし、内陣までの距離があるため、私はいつもご挨拶だけにしています。

今回は七福神めぐりの願掛けをしなくてはいけないので、ご挨拶のあとに丁寧にお話をしました。

ご朱印をもらうのは本堂の左側にあるお堂ですが、願掛けは本堂です。

本堂内は混雑しているので、仏様に声が届いているのだろうかと不安になる人がいるかもしれませんが、大丈夫です。こちらからの声は届くようになっていますから、しっかりとお願いを言います。

浅草神社《あさくさじんじゃ》（恵比須）〈東京都台東区浅草〉

ご祭神は3柱の神様で、浅草寺の由緒に出てくる、檜前浜成《ひのくまのはまなり》・竹成《たけなり》兄弟と土師中知《はじのなかとも》さんです。正式なお名前は、檜前浜成命、檜前武成命、土師真《ま》中知命《つちのみこと》、です。

数年前まだ関西に住んでいた頃、東京に来た時にここに参拝しました。当時は由緒をまったく知りませんでした。浅草寺を参拝したら、隣に神社があったので、ついでに寄ってみたのです。

ふと社殿を見たら、古代の漁師のような男性姿の神様がいました。腰に蓑《みの》のようなものを巻いていて、びくもつけています。生前に漁師だったのかな、と思いましたが、詳しいことは聞かずそのまま参拝を終えました。漁師姿の神様は1柱しかいませんでした。

今回の参拝でもこの神様はいましたが、他の2柱の神様はいません。どうやらご祭神は1柱のようです。

ここの神様は無口なタイプで、今回もお話を聞くことができませんでした。生前に漁師だったようですから、川の中から観音さんが現れたというのは本当みたいです。

浅草神社は恵比須さんとなっていますが、拝むことはできませんでした。

というわけで、ここでも願掛けは神様にしました。無口な神様ですが、参拝者の話はしっかりと聞いていますし、お願いも叶えてくれます。七福神めぐりのひとつであるということもご存じですから、遠慮なくお願いさせてもらいました。

待乳山聖天《まっちやましょうでん》（毘沙門天）〈東京都台東区浅草〉

このお寺のことも『東京でひっそりスピリチュアル』という本に書きました。

ものすごーく強い、聖天さんという仏様がいるお寺です。聖天さんは神様と仏様の中間にいて、仏様のほうにやや近いです。でも、神様のように個体差があって、なんとも不思議な存在なのです。

ここの聖天さんは奈良県にある「櫻本坊《さくらもとぼう》」の聖天さんほど魔神っぽくありません。少しまろやかで優しい感じがします。

聖天さんはどこも秘仏となっているため、私はまだ会話をしたことがないのですが、存在は牛頭天王《ごずてんのう》と似ていますから、人から飛ばされた悪想念や生霊を落とすことができます。

今回は、少しは聖天さんのことがわかるかもしれない、と淡い期待を持って行きましたが、相変わらずよくわかりませんでした。

七福神めぐりでは毘沙門天のお寺ですが、ここはやっぱり聖天さんにお願いをしなければ！　ということでしっかりと願掛けをしました。

そのあとで境内社のお稲荷さんにもご挨拶をしました。

「お前の名前を口にする者がたまに来る」

ニコニコとそう教えてくれたので、

「七福神めぐりのテーマで、またこのお寺を書きます。その本を読んで来たという人にはよくして下さい！　よろしくお願いします！」

そう言うと、お稲荷さんは明るい表情でうなずいていました。まかしとけ！　みたいな感じでした。陽気で親しみやすいお稲荷さんです。このお寺に行ったら、お稲荷さんにもご挨拶をすると喜ばれます。

今戸神社《いまどじんじゃ》（福禄寿）〈東京都台東区今戸〉

今戸神社の公式サイトによると、

【後冷泉天皇康平六年（一〇六三年）、時の奥羽鎮守府将軍伊豫守源頼義・義家父子が、勅令によって奥州の夷賊安部貞任・宗任の討伐の折、篤く祈願し、鎌倉の鶴ヶ岡と浅草今之津（現在の今戸）とに京都の石清水八幡を勧請したのが今戸八幡（現在の今戸神社）の創建になります。】

とのことです。ご祭神は、應神天皇《おうじん》、伊弉諾尊《いざなぎのみこと》、伊弉冉尊《いざなみのみこと》、福禄寿です。

この神社も過去に参拝したことがあります。ここで売られている招き猫の置物が縁起物だったので、２０２２年のカレンダーで紹介しました。３個並べて置くと、非常に縁起がいいのでおすすめです。

以前に来たことがあるので、あれを聞かなきゃ、これも聞かなきゃ、みたいな取材の緊張がなく「こんにちは～」と、知り合い感覚でご挨拶をしました。

「元気にしていたか」

「はい！　あ、でもコロナの軽い後遺症がありまして……」

その説明をし、今回の七福神めぐりが結願できたら治してほしいです、ということをお話しました。

神様によると、１日で9社全部をまわる人はそんなにいないらしく、頑張りなさい、と励ましてくれました。嬉しかったです。

神様のほうも七福神めぐりは一種のアトラクションとしてとらえているので、来た人には特別な恩恵（よい運気）を渡しているそうです。ありがたいですね。

橋場不動尊《はしばふどうそん》（布袋）〈東京都台東区橋場〉

橋場不動尊の公式サイトによると、

【橋場不動尊は、天平宝字四年、奈良東大寺大仏の建立に尽力した良弁僧正が、相州大山寺で、一刀三礼して刻まれた一木三体不動（一本の木で三体の仏像を彫る）の随一と称せられ、悪魔降伏の威想を備え、信ずる者には必ず霊験を与え給う不可思議の尊像として、古来よりご秘仏としてあがめられています。】

とのことです。

このお不動さんは秘仏ですが、お前立ちのご本尊として安置されているお不動さんは毎月28日に護摩が焚かれているそうです。

七福神の布袋像は江戸時代後期のものらしいです。

行ってみたら、本堂の扉が閉まっていました。ですので、お不動さんにも布袋さんにも会えずでした。

本堂の隣にはお地蔵さんが祀られていて、お地蔵さんには手を合わせられるようになっています。石仏です。

お不動さんには会えないけれど、声は届いているはずなので、本堂前で必死にお願いをしました。思いっきり強く念を込めて、「どうか、どうか、どーーーーーーか、お願いを叶えて下さい！」と布袋さんではなく、ご本尊のお不動さんに言いました。

深々とお辞儀をして祈願を終え、ご朱印をもらいに行きました。

石浜神社《いしはまじんじゃ》（寿老人）〈東京都荒川区南千住〉

この神社は聖武天皇の神亀《じんき》元年（７２４）、勅願によって創建されたそうです。

けっこう広い境内でした。本殿手前の右には富士遥拝所があり、そこには赤いのぼりが立っている白狐祠《びゃっこほこら》と、白いのぼりが立っている招来《おいで》稲荷神社がありました。

先にお稲荷さんの話をしますと、すっごーーーく強いお稲荷さんでした。こんなに力があるお稲荷さんがどうしてここに？　と疑問が湧きました。ご祭神はおっとり系の神様なので、お稲荷さんのほうが断然迫力があるのです。

帰宅して調べてみたところ、「真先稲荷」という名前で、昔は隅田川沿岸に神社があったそうです。江戸中期から参拝者が多くなったとのことですから、古いです。パワーがあって当然でした。

大正15年（１９２６）に石浜神社に併合された、と公式サイトに書かれていましたから、境内社として勧請《かんじょう》したのではなく、もともと稲荷神社のご祭神だったわけです。それで強いのだとわかりました。

本殿ではみずら（髪を頭の真ん中で左右に分け、両耳の横で先を輪にして紐で結んだ、古代の男性のヘアスタイルです）を結った神様が見えました。

大昔にここに住んでいたお方なのかな？　と思いましたが、古い時代にここに人が住んでいたのだろうか？　という疑問が湧きました。髪型がみずらですから、江戸時代よりもはるか昔です。その当時、人間は多くいなかったように思います。

貴人は都にいたでしょうから、みずらを結っている人がこの地（当時は田舎だったと思われます）にいるのが、ちょっと不自然かも、と思ったわけです。

珍しいお姿の神様ですが、とてもニコニコしていて優しそうです。戦いとか競争にまったく縁のないお方だった、というオーラが放たれています。

ぼ〜っと神様を見ていたら、お稲荷さんが出てきてくれました。

「当時、ここにも人は住んでいたぞ」

「えっ！　そうなんですね！　みずらを結っている人は奈良とか、近畿地方に住んでいた、というのが私のイメージです」

お稲荷さんによると、ここの神様が人間として生きていた時代は古く、男性がみずらを結っていた時代だそうです。その時代に生きていた、というわけで象徴となるみずら姿だと言います。

本当に柔らかい性格の神様のようです。子育てとか、健やかな子どもの成長などの祈願がお得意です。この神様にご縁をもらえば、子どもは素直にすくすくとまっすぐに育ちます。

お稲荷さんはもとは神社のご祭神で、強烈なパワーを持っています。願掛けはなんでもオーケーです。どうしてこのクラスのお稲荷さんがここに？　と思ったくらいですから、どれほど強いお稲荷さんなのか、おわかりになると思います。

七福神めぐりの願掛けはご祭神にしましたが……お稲荷さんにもお話はしておきました。

参拝後の気づき

鷲神社からスタートした浅草名所七福神めぐりは、石浜神社で結願しました。９ヶ所もの寺社をめぐるため、鷲神社でご朱印をもらえる9時きっかりにスタートしました。それでも最後は16時をまわっていました。神社を参拝してもよいギリギリの時間でした。

私がまわった日は雨が降っていたし、途中で駐車場を探したりもしました（レンタカーでまわったのです）。吉原弁財天本宮でけっこう時間を使ったこともあり、それらがなければ16時前には終わるのでは？　と思います。

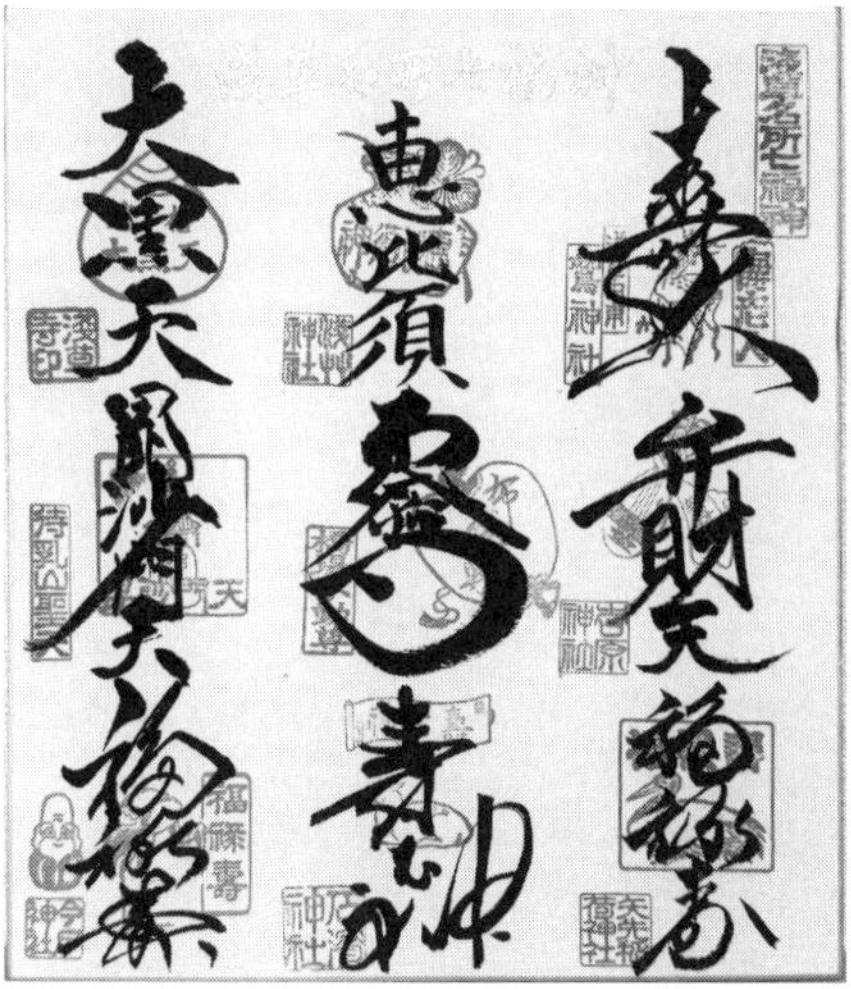

浅草名所七福神めぐりのご朱印色紙

けれど、ゆったりとした参拝をしていたのでは確実に間に合いません。

私は、祈願をして、ご朱印をもらって、はい次！　というスピードでまわりました。浅草寺でもそうです。敷地に入ると一直線に本堂へ行き、祈願を終えたら即ご朱印をもらって、駐車場へ一直線、でした。

お昼も車の中でコンビニのおにぎりをモグモグしただけです。

車でまわってギリギリでしたから、公共

交通機関を使って1日でまわるのは難しいように思います。もちろん、1日でまわらなくても問題ありません。私のように駆け足でめぐるのではなく、2日や3日に分けて、1社1社ゆっくりと参拝してもオーケーです。

さて、ここで、肝心の願掛けのお話です。

コロナの後遺症である、ふくらはぎの張り・こわばりは、当日の夜、かなり軽減していました。毎日のように感じていた張りがビックリするほど軽く、ほとんど感じない程度にまで薄くなっていたのです。

翌日は別の七福神めぐりに出かけたのですが、後遺症のことは忘れていました。全然張りを感じなかったからです。夜になって、入浴後にふと「まだかすか〜に残っているかな？」と思ったくらいです。そこまで治っていました。

それから3日ほどして、あら？　と気づいた時には後遺症は完全に消えていました。

4ヶ月間、いっこうによくならなかった症状が、参拝直後からス〜ッと消え始め、4日でまったく出なくなったのです。完治に1週間もかかりませんでした。

神仏のすごさはわかっているつもりですが、やっぱり驚きます。これって奇跡かも？

と、感動しつつも、またこわばるかもしれないと、しばらく用心していました（相変わらず信心が足りません〜。涙）。しかし、後遺症は二度と出ることなく、今に至ります。

　というわけで、七福神めぐりで、すべての寺社でキッチリ同じ願掛けをすると叶う、ということがわかりました。もちろん、七福神めぐりをした人全員の、さまざまな種類の願いが全部叶う、ということではありません。叶うか叶わないかは神仏のお考え次第です。でも、これはすごい発見ではないでしょうか。

　七福神めぐりをすると、願掛けが叶うこともあるし、お手製の縁起物も作れるし、各寺社の神仏から運気アップの恩恵ももらえるのです。

　七福神めぐりは大きなごりやくがあると言ってもいいと思います。

　ここで私は考えました。どこの七福神めぐりでも、願掛けは叶えてもらえるのだろうか？　と。

　これはいくつもの七福神めぐりをして、検証を重ねなければ結果はわかりません。そこでネット検索をして、日本中の七福神めぐりを調べ、あれこれと計画を立てました。

第5章 七福神めぐりによって違う恩恵

武州川口七福神めぐり
～埼玉県～

西光院（弁財天）◀密蔵院（大黒天）◀傑傳寺（恵比須）◀正覚寺（布袋）◀錫杖寺（福禄寿）◀吉祥院（毘沙門天）◀正眼寺（寿老人）

七福神めぐりを活かしたお願い

武州川口七福神めぐりでは何をお願いするか悩みました。というのは、この七福神めぐりは浅草名所七福神めぐりの翌日に行ったのです。

コロナの後遺症は、前日にすでになくなったと言ってもいいくらいにまで軽くなっていましたが、完治するかどうかは、この時点ではまだわかっていません。なので、お願いが叶うのかどうか、大きなお願いでもいいのかなど、いろいろなことが不明でした。

そこで、叶ったかどうかすぐに判明するお願いにしてみようと思いました。

自分で七福神めぐりをすると、ご朱印を集めた色紙が縁起物になることがわかっていましたから、その縁起物を最高のものにしてもらうよう祈願することにしました。

運を呼び寄せるパワーが最高である縁起物がひとつあれば、それを縁起物棚に置くことで、周囲の縁起物もさらに輝くだろうと思ったのです。そうなると我が家の縁起物棚にある縁起物たちは、運を呼びまくるようになるのでは？　と考えました。

せっかく縁起物を作れる七福神めぐりです。活用しなければ！　ということで、今回のお願いは「ご朱印を集めた色紙が最高の縁起物になりますように」にしました。

西光院《さいこういん》（弁財天）〈埼玉県川口市戸塚〉

【天正元年（1573年）叡雅上人が遊行の砌、この附近に在った大杉の霊異を感じて一庵を結び、杉本坊と称したのが創建の起因であると伝えられる。その後、文禄二年（1593年）再び叡雅上人が留錫し堂宇を興して青龍山西光院伝福寺と改め、本尊に不動明王を安置された。】（公式サイトより）

ご本尊は不動明王です。

境内の木々が生き生きとしたお寺でした。丸く刈り込まれた可愛らしい木が何本もあり、管理が行き届いているな〜、という印象です。

そんなに広くはありませんが、歩きまわれるのもよかったです。石仏がいくつかあるので、ひとつひとつゆっくり手を合わせるのもいいし、仏像も何体か安置されていたので、仏像鑑賞もいいのではないかと思います。

白と赤の六角形のお堂が弁財天堂です。法隆寺の夢殿と同じ六角形です。

近くには七福神の石像があって、それがまたキュートでした。ちょっぴり丸めに作られているのです。特に弁天さんはふくよかで、肝っ玉かあちゃんという感じでした。

お寺だけど明るくすがすがしい境内で、檀家のためのお寺という感じではなく、仏様を頼ってくる人のためのお寺、という雰囲気でした。


密蔵院《みつぞういん》（大黒天）〈埼玉県川口市安行原〉

【文明元年（１４６９年）に中興された密蔵院は、自然の息吹に溢れた川口市安行の緑の里にあり、５５０余年の歴史と、風格を醸し出しています。

御本尊は、平安時代藤原期に創られた地蔵菩薩像で、明治初期までは京都醍醐寺無量寿院の末として、本寺の寺格と御朱印十一石、四十四ヶ寺の末寺を有し、川口、浦和、草加、越谷、大宮などの各寺院に影響をもたらした川口市内有数の古刹です。】

（公式サイトより）


ご本尊は延命地蔵菩薩です。「平将門《たいらのまさかど》公念持佛《ねんじぶつ》」と朱書きしてありましたが、秘仏のようで厨子は閉まっていました。

ここも境内が気持ちのよいお寺でした。仏教を楽しむためのお寺という感じで、ゆっくり散策するのがおすすめです。

不動堂は扉が開いていて、中を見せてもらえます。彩色された不動明王像が中央にありましたが、どうやらお前立ちのようでした。というのは、不動明王像の後方に厨子が置かれていたからです。

厨子の扉は開かれており、金箔が貼られていたのですが、お前立ちのお不動さんの真後ろなので中を見ることはできませんでした。月に4日ほど、護摩が焚かれていると表の案内板に書かれていたので、護摩パワーを持ったお不動さんのようです。

本堂へと続く参道には、四国八十八ヶ所のお砂踏みがあります。砂は埋められていて表面は石のプレートになっているため、直接踏めるわけではありませんが、楽しく踏めるようになっています。一歩一歩ありがたみを感じながら歩きました。

まわりに赤いのぼりが立てられている大黒堂は、残念ながら扉が閉まっており、大黒天は見られませんでした。お堂の前で手を合わせ、色紙が最高の縁起物になるよう、お願いをしました。本堂でも同じお願いをしました。

寺務所でご朱印を待っている間、そこに売られていただるまが非常に気になりました。

可愛いだるま

だるまの色は普通は赤ですが、金色なのです。縁起物ではありませんが、見た目が縁起いいです。

せっかくなので購入しました。

帰宅して、張り切って目をひとつ描いたのですが……今にも泣きそうな、悲しそうな顔になりました。視界に入るたびに、「うわぁ、なんて悲しそうな顔～」と思ってしまう表情なのです。

願いごとは成就《じょうじゅ》していませんが、そのまま置いておくのがかわいそうで、結局もう一方の目もすぐに描いてあげました。

しかし、それでもまだ複雑な表情をしています。これは口が「への字」だからでは？　と思った私は、への字を解消すべく口角もちょっと描き加えてみました。すると、明るくて可愛い、喜んでいるような顔になったのです。

めでたしめでたしですが、願掛けのためのだるまではなくなり、ニコニコ顔でそこにいる飾り物のだるまになりました。ここでだるまを買う人は、飾り物になるかも？　と思っていたほうがいいです。でも超可愛いので部屋が明るくなります。

傑傳寺《けつでんじ》（恵比須）〈埼玉県川口市東本郷〉

【現存する『天桂山傑傳禅寺文書』（金沢文庫所蔵）によると、萬治の初め（１６５８〜１６６１年頃）永平寺第27世嶺巖英峻禅師《りょうごんえいしゅんぜんじ》開山。江戸における幕府重鎮であった、酒井忠勝を弔うため建立された。忠勝の戒名『空印寺殿傑傳長英大居士』より傑傳をとり寺名とした。当時は広大な敷地を有し、永平寺直末であり、さらに酒井家の香華寺であることから繁栄した。】（公式サイトより）

ご本尊は釈迦牟尼《むに》仏です。

本堂の扉はガラスになっているのですが、金網があるため仏様が見えづらく、仏様のことはわかりませんでした。

「恵美寿神」ののぼりが左右にたくさん立っているお堂があり、中を見せてもらうと、木像の恵比須さんが祀られていました。手の部分がちょっと変わった木像でした。

ここは本堂でお願いするよりも恵比須さんに直接お願いしたほうがいいので、恵比須堂で丁寧に手を合わせました。

正覚寺《しょうがくじ》（布袋）〈埼玉県川口市元郷〉

【1574年（天正2年）、久室元長によって開山された。久室元長は現在の東京都港区愛宕にある青松寺第6世住職であった。また開基の平柳蔵人は岩付太田氏（太田道灌の家系）の家臣で当地の領主であった。ただ、蔵人は1564年（永禄7年）の国府台合戦で討ち死にしている。】（Wikipedia より）

ご本尊は釈迦如来です。

境内に入ると、敷地の左側に古い仏像や石仏が安置されていました。歴史のあるお寺だな、と思ったのですが、不思議なことに本堂の前には縄が張られています。本堂には近づけません。

門のところも、横から入るようになっていたので、そこから入りましたが、門もしっかりと閉まっています。あら？　今日、お休みなのかな？　と思いました。でも、お休みであることはどこにも書かれていません。

ご朱印がほしい方は呼び鈴を、みたいなことが書かれていたので、ややビビりながら呼び鈴を押してみました。「は～い」と出てこられたお坊さんがすごく親切な方でした。

このお寺は今週末で立ち入り禁止になる、と教えてくれました。

立ち入り禁止？　と首を傾《かし》げていたら、東日本大震災でお寺のあちこちが少し壊れたそうです。その修復作業が始まるのだそうです（いったん全部壊すと言っていたような……気がします。うろ覚えです）。

そのため、お寺の業務は今週で終わり、と言っていました。

いただいたポケットティッシュ

今週で終わり……今日は木曜日だから、えっ！　あと、金土と2日しかなかったのですね！　と驚きました。ギリギリセーフだったのです。

またお参りできるようになるのはいつなのか質問をしたら、2025年の11月までは入れない、と言っていました。うろ覚えで申し訳ないのですが、入ったらダーメ、みたいな法律があるそうです。

お坊さんは「ラッキーでしたね」「よかったね～」と声をかけて下さり、「ティッシュも持って帰って下さいね～」と七福神のイラスト入りのポケットティッシュもくれました。

小さなお寺ですが、人情味のある住職さんがおられます。

ちなみに七福神めぐりのお願いは、本堂の前と、石仏が3体祀られているところでしておきました。

錫杖寺《しゃくじょうじ》（福禄寿）〈埼玉県川口市本町〉

【錫杖寺は寶珠山地蔵院と号し、天平十二年（740）の春、行基菩薩によって草庵が結ばれたのを濫觴とすると伝えられています。行基菩薩が聖武天皇の命によって、光明皇后の病平癒祈願のために当地を訪ねた折のことといわれています。今から千二百五十余年も昔のことで、史実としての確証に乏しく、錫杖寺草創の時代はすでに伝説の世界と交錯しているといえましょう。】（公式サイトより）
ご本尊は延命地蔵菩薩です。

スッキリと気持ちのよい境内です。お墓もありますが、お寺にお墓はあって当然、ですからそこは普通です。

「私はお墓が怖いです……」という人がいるかもしれませんが、大丈夫です。お寺にあるお墓は見えない世界で仏様が管理をしていますから、悪いものはいませんし、幽霊や何かが憑《つ》いてくることもありません。

境内にはのぼりに囲まれた福禄寿のお堂があり、大きく扉が開かれていました。おかげさまでしっかりお顔を見ることができましたし、お願いもゆっくりできました。

メインの福禄寿は木像で、優しげな笑顔をしています。着物の帯を前面で蝶々結びにしているのがオシャレです。メインの福禄寿像の前には小さな福禄寿像があって、こちらは両手をもじもじさせているのが魅力的でした。

ここでは福禄寿さんに願掛けをしました。至近距離で直接拝ませてもらえるので、ありがたいです。

ご朱印をいただくのは他のお寺と同じで、３００円でしたが、ここではさらに小さなお守りもくれました。お坊さんが「財布などに入れておくといいですよ〜」と言ったあと、ニコッと笑顔を見せてくれたのが印象的でした。

吉祥院《きちじょういん》（毘沙門天）〈埼玉県川口市南町〉

【吉祥院のフルネームは、珍珠山・多聞寺・吉祥院です。

その歴史をさかのぼると今からおよそ550年前、1470年（文明2年）になります。

この頃には荒川（旧入間川）の清域に堂宇が建立されていたと伝えられます。

それから歳月の流れる中、末寺十一カ寺を有し、鎮守には八幡社が勧請されておりました。】（公式サイトより）

ご本尊は毘沙門天です。

本堂に入らせてもらえますが、ご本尊は秘仏です。しっかりと厨子が閉まっていました。内陣がピカピカと豪華だったので、私にはお前立ちご本尊がどこに安置されているのかもわかりませんでした。

しかし、声は届きます。毘沙門天がご本尊ですから、しっかりとお願いをしました。境内の爽やかな感じが空海さんっぽいので、調べたら真言宗でした。仏教のよさを実感してもらいたい、という仏様の気持ちが表れているお寺でした。

ご朱印は女性がハンコを押してくれました。そばで見ていると、体重をかけて、ぐにゅぐにゅぐにゅ～っと力いっぱい押しています。

お姉さん、わかる！　その気持ちわかります！　もしも薄くついたり、薄すぎてどこかが欠けたりすると縁起悪いですもんね。でも、あの、そこまで体重をかけなくても……。しかも、そのぐりぐりとまわすような行為はマズいのではないかと思うのですが……。

心の中で語りかけていると、お姉さんがハンコをパッと色紙から離しました。

案の定《じょう》、ハンコの角の部分がしっかりとついていました。でもこれは、お姉さんの親切心が形になっているわけで、逆に記念になるわ～、と思いました。

思わず笑顔になったひとコマでした。このお寺も小さなお守りをくれます。

正眼寺《しょうげんじ》（寿老人）〈埼玉県川口市宮町〉

【室町時代末期、篠周防守（諱は不明）の開基である。現在の東京都文京区にある吉祥寺の末寺である。その後、江戸時代初期に元易が中興した。】（Wikipedia より）

ご本尊は聖観音《しょうかんのん》です。

隣にもお寺があるので、入口がどこなのかわかりづらかったです。入口を探すために、私は近くのショッピングセンターに車を停めました。

境内には大きな観音さんがあり、十六羅漢もありました。お不動さんは小さなお堂に祀られていて、歴史が感じられる石仏でした。

寿老人堂が本堂手前にあります。祀られている寿老人は、なんと！　金色の像でした。ここでも寿老人に直接お願いをしました。

参拝後の気づき

武州川口七福神めぐりは色紙が親切でした。最初から色紙に和紙が貼ってあるのです。ですから、表面が汚れることはありませんし、インクがにじんだりしないかな、とドキドキすることもありませんでした。

この七福神めぐりには毒出し効果がありました。まわっている間に、私は何回もトイレに行きました。よくないものが排出されるのでスッキリします。

どこの七福神をまわるかによって、もらえる恩恵が違うことがここでわかりました。新宿山ノ手七福神めぐり、青梅七福神めぐり、浅草名所七福神めぐりでは、運気アップの恩恵がもらえましたが、ここは毒出し効果なのです。もしも願掛けが叶わなくても、7社をめぐると必ず恩恵はもらえるので、それだけでもありがたいように思います。

縁起物オーラを放つようになったご朱印色紙

「ご朱印を集めた色紙が最高の縁起物になりますように」という願掛けはちゃんと叶いました。結願したお寺を出る時に見たら、すでに運気を呼び込むパワーが巨大な色紙になっていたのです。うわぁ、キラキラしているな～、と思いつつ持って帰りました。

色紙は現在も我が家の縁起物棚でふわ～っとした縁起物オーラを放っています。パワー全開です。

しかし、なんだかもったいないことをした、という気持ちが拭《ぬぐ》えません。

七福神めぐりは願掛けを叶えてもらえる可能性が高いのです。今回の体験でそれがハッキリとわかりました。これはすごいチャンスです。心から「叶えてほしい！」と思うお願いにしなければもったいないと思いました。

1日で7ヶ所もまわるハードな参拝ですから、中途半端にお願いをしたことをちょっぴり後悔しました。次は本気で叶えてほしいお願いにしよう！　と心に決めました。

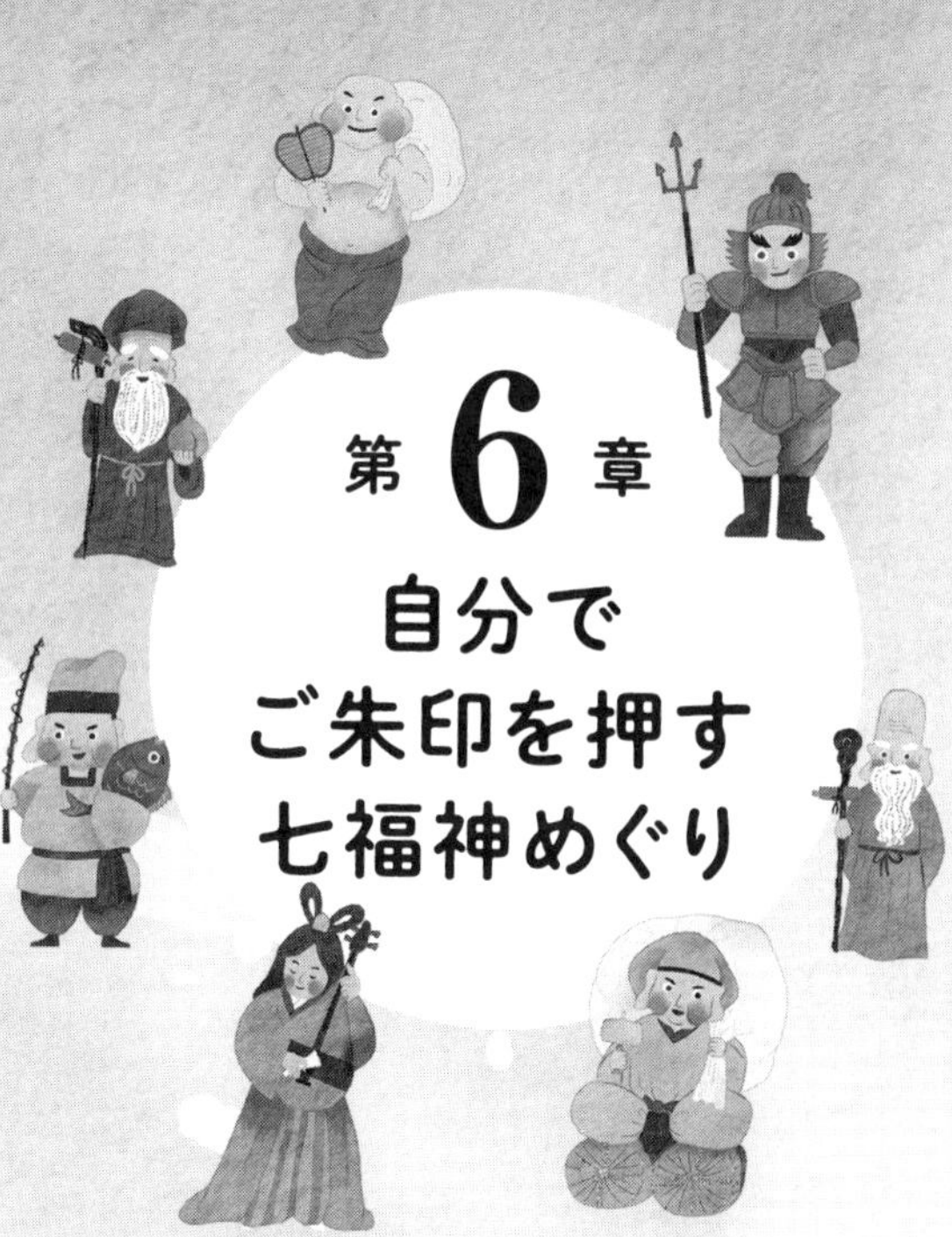

第6章 自分でご朱印を押す七福神めぐり

ぎふ七福神めぐり

～岐阜県～

瑞巖寺（大黒天）◀林陽寺（布袋）◀智照院（恵比須）◀龍雲寺（毘沙門天）◀大覚寺（福禄寿・寿老人）◀吉祥寺（弁財天）

願掛けは本当に叶えてほしいものにする

ここまでの取材で、七福神めぐりとして7ヶ所で同じお願いをすれば〝叶う〟ということがわかりました。これはある意味、すごい発見です。

七福神をめぐるのはラクではありません。7ヶ所の寺社をまわるのですから、体力もいりますし、ご朱印をもらう時に気も使います。結願するとけっこうヘトヘトになっているのです。

このように頑張って結願する参拝ですから、お願いごとは本当に叶えてほしいものにしたほうがいいです。私は前回の願掛けが少々心残りだったので、今回は真剣に叶えてほしいお願いをすることにしました。

私には夢があります。ここに書くのは控えますが、実現させたいと強く思っています。ライフワークとして手に入れたい、というものです。けれど現在、努力も準備もまったくできていません。ですので、実現は難しいのでは？　という状態です。

日々バタバタと忙しく暮らしているため、「時間がないから、努力も準備もできないのは仕方ない」と自分に言い訳をしています。このままだと一生努力も準備もせず終わってしまいそうな気配です。

努力を重ね、準備に時間をかけなければ叶わない夢なので、「努力も準備も頑張ります！」と前置きをして、夢を実現させる具体的なサポートをお願いすることにしました。今回の願掛けは小さなものではなく、大きなものです。叶えてほしい！　という私の熱意も今までとは違います。

というわけで、気合いを入れまくって、ぎふ七福神めぐりをスタートしました。


瑞巖寺《ずいがんじ》（大黒天）〈岐阜県各務原市那加北洞町〉

【瑞巖寺の草創については、その昔延暦二十四年（805年・平安時代）に伝教大師最澄が開創したと伝えられています。その後、寛永十六年（1639年・江戸時代）加納城主の丹波守光重公が鬼門除けとして再興させました。初代住職には、愛知県豊橋市の全久院第14世・天桂永澤和尚をお迎えし、曹洞宗のお寺となりました。】

（ぎふ七福神の公式サイトより）


境内に入ると「大黒天拝殿」と書かれた案内があり、わかりやすかったです。大黒天拝殿までの参道には赤いのぼりがたくさん立てられていて、明るくにぎやかな雰囲気でした。

祀られていたのは石像の大黒天です。比較的新しいように思いました。そばに説明板があり、そこにはこう書かれていました。

『こちらのお堂は、３６５日参拝可能な拝殿です。大黒天様の御神体は、本堂内にいらっしゃいます。正月新春夢めぐり期間と6月第3日曜日に御開帳します。御朱印や、御守り等の各種授与品は、檀信徒会館入口に準備しております。』

お前立ちのような感じなのですね。周囲には絵馬がたくさん掛かっていました。

右側には「重軽石」が置かれています。重軽石というのは、石を持ち上げる前に「重さはこれくらいかな」と想像して持ち上げてみる、というものです。思ったより軽ければ願いは叶い、重ければ叶わない、という占いのようになっています。

その石が2つ置かれていたのですが、ひとつは石に仏様が彫られている小さな石仏でした。石仏でやると、正しい答えをくれそうですが、私は遠慮しました。「重たっ！」と思ってしまうと叶わないからです。

本堂は閉まっていたので、大黒像にお願いをしました。

参拝を終え、色紙を買おうと寺務所へ行くと無人でした。そこには見本として色紙が2つ展示されています。ひとつは色紙に大きく「福」と書いてあり、もうひとつは宝船の絵が描かれています。

縁起物として家に飾るのですから、宝船が描かれているほうが望ましいです。しかし、セルフで購入するそこには見本しかなかったので、呼び鈴を押しました。きっと奥にはあるのでしょうから、在庫から出してもらおうと思いました。

呼び鈴でお坊さんが出てこられました。

「宝船が描かれているほうの色紙がほしいのですが」

「ちょうど昨日でなくなったんですよ〜」

「ええーっ！」

「ごめんなさいね。たぶん、次に行くお寺にはあると思うのですが……」

次のお寺まで行って、またここに戻ってこないといけないのか〜、と一瞬気持ちが暗くなりましたが、往復に1時間も2時間もかかるわけではありません。宝船の色紙をゲットしたほうがいいので、

「じゃあ、次へ行って、また戻ってきます」

と明るく言いました。

「本当にごめんなさい」

お坊さんはこちらが申し訳なく思うくらい何回も謝っていました。

「すぐに戻ってこなくても、ぐるっとまわって最後でもいいですし〜」

あれこれと助言をくれたりもして、とても感じのいいお坊さんでした。


この寺務所には色紙に押すハンコが置かれていました。自分で押してもいいですよ、ということみたいです。押印代は300円でした。

呼び鈴を押してお寺の人をわざわざ呼ばなくても、自分でポンッと押せばいいわけです。お寺の人が出てこなかったらどうしよう、という不安を持たずにすみます。なんてありがたい配慮なのだろう！　と思いました。

実はですね、ご朱印をくれる人の中には無愛想な人もいるわけです。神仏がいる神社仏閣ですが、関係者が全員、気持ちよく応対してくれるわけではありません。

ですから、自分で自由に押してね〜、というスタイルだと、自分のタイミングで押すことができますし、気を使わなくてもいいわけです。先に押してゆっくり願掛けをしてもいいし、参拝後にサクッと押してスッと帰ってもいいわけです。

気持ち的にラクですし、呼び鈴を押して「出てきてもらう」という恐縮する気持ちを持たなくていいので、これはありがたいな〜、と思いました。

ここまで七福神めぐりをしてきて、1社1社呼び鈴を押して出てきてもらうのが、私にとってはややストレスでした。何かの用事をしている最中だったら悪いな〜、と思うからです。プレッシャーでもありました。

自分で自由に押してもいいというのは、気を使うタイプの性格の人にとってはありがたいと思います。ただし、大きなハンコを押すことに慣れていないため、薄かったり、濃かったり、斜めになったり、ズレたりと、失敗もありそうだと思いました。

これは余計な心配かもしれませんが、〝縁起物〟を作るご朱印のハンコです。誰も見ていないからといってご朱印代を払わず、タダでこっそり押すと、その色紙は縁起物ではなくなります。同様に、悪気なくうっかりご朱印代を払い忘れました、というのも、たぶんブーです。ご注意下さい。

というわけで、宝船入りの色紙を求めて次のお寺へと向かいました。

林陽寺《りんようじ》（布袋）〈岐阜県岐阜市岩田西〉

【当山は、弘法大師の草創で大師23歳の延暦15年（796）が全国行脚途中、村社「伊波乃西神社」の南に堂宇を建立し、自ら薬師如来を造像し本尊とし、さらに弘仁5年（814）大師41歳の時、再来し7日間薬師如来の護摩供養を修したと伝えられている。】

（ぎふ七福神の公式サイトより）

最初に訪れた瑞巌寺の次は智照院《ちしょういん》に行きました。が、しかし、智照院にも宝船の色紙はありませんでした。売り切れだったのです。どうやらぎふ七福神はかなりの人気があるようです。

というわけで、3番目のお寺、林陽寺までやって来ました。

門をくぐって石段を上ると正面に本堂があります。そこには、七福神のご朱印は左側の「弘法堂」の中にあり、自分で押印して下さいね、みたいな感じの案内がありました。ここも、ご朱印は自分で押していいわよ～、というスタイルです。

たぶん、ぎふ七福神はすべての寺院がこのやり方なのでしょう。

しかし、私は色紙をまだ持っていないので、弘法堂に入る前に建物の右側へと行きました。ご用の方はそちらへ、と書かれていたからです。

呼び鈴を押すと、年配の女性が出てこられました。ここで、やっと色紙を手に入れることができました。せっかくなので、宝船が描かれている色紙と、福の字が大きく書かれている色紙の両方を買いました。

女性が色紙を取りに奥に行っている間、それからご朱印を押しにふたたび奥へ行っている間、お釣りを取りに奥に行っている間と、けっこう待つ時間があったので、そばに祀られていた布袋さんをまじまじと拝見しました。

大きな石像と小さめの石像が、赤いのぼりに囲まれた一角に祀られているのです。大きな石像のほうはなんとも言えない、笑顔？　困り笑顔？　トホホ笑顔？　をしていて、どうなさったのですか！　と聞きたくなる表情でした。

こちらからの声が届く石像だったのでとりあえず、ここでお願いをしておきました（帰りに弘法堂でもちゃんとご挨拶とお願いをしました）。

女性はお釣りを渡しながら、私に話しかけてくれました。

「どこから来たの？」

「東京です」

「あらま〜、遠いところから！　私も東京の七福神に行ったことがあるのよ」

「そうなんですね！　どこの七福神ですか？」

「上野に弁天さんがあってね、そこから日暮里《にっぽり》の商店街のようなところへ行ったわ」

「へぇ〜、そういうコースの七福神めぐりがあるんですね。浅草名所七福神めぐりだったら知ってますけど〜」

「浅草じゃないわ、日暮里よ、日暮里」

「今度、私も行ってみます」

「ここの七福神に来たのはどうして？」

「有名なので」

「まぁ〜、みんな喜ぶわ〜」

と、会話は進み、最初に行ったお寺にも、次に行ったお寺にも色紙がなかったことを伝え、

「ここで、やっといただけてよかったです〜。ありがとうございます」

と、お礼を言いました。

そこからも、「あなたのそのシャツ、素敵ね」と言ってくれたことがきっかけで、その女性は綿しか着ないという話題になり、綿素材にはなかなかいいものがないということまで話しました。

終始ニコニコしている、人当たりのよいご婦人でした。初めて会った相手に対しても、垣根を作らない人でした。私は逆で、高い垣根を一瞬で張りめぐらせるタイプなので、すごいな〜、と尊敬です。

ご婦人は、私のようなタイプの人が相手でも、張られている垣根の上からニッコリと顔を出すのです。人の心にスッと入ってくる人で、一種の才能だと思います。

楽しく会話をして、癒やしのひとときを過ごし、林陽寺を辞去しました。

それから、２番目に行った智照院に戻り、さらに瑞巖寺にも戻って、セルフでご朱印を押しました。

智照院《ちしょういん》（恵比須）〈岐阜県岐阜市岩田西〉

【智照院は岐阜市内の曹洞宗のお寺であり、ぎふ七福神・恵比寿天、美濃新四国72番札所となっております。12世佛山道穏大和尚をお招きして法地開山とし山号を普門山、寺名を開基の智照元明尼首座のお名前より「智照」を頂きまして智照院といたしました。】

（ぎふ七福神の公式サイトより）

門が山口県の下関市にある赤間神宮《あかまじんぐう》のようだな〜、という印象です。境内には花の咲いている鉢があちこちに置かれていて、心地よい空間が演出されていました。

延命地蔵尊の石仏があり、その向かいに恵比須さんの石像があります。

どう見ても仏像ではないので、お願いをするのはどこにしようかな、と迷いました。けれど、仏像ではなくても、ご本尊（白衣観音）はきっとこの恵比須さんにお願いした声を聞くようにしているはずです。なので、恵比須像にお願いを言いました。

「南無弘法大師」というのぼりが立っているお堂の中がご朱印所でした。

中に入ると、内陣の中央に空海さんの像が置かれていました。右にはダキニ天さんが秘仏として祀られており、左にはたくさんの空海さん像がありました。

ここも、自分で自由に押してね〜、とご朱印ハンコが置かれています。

林陽寺では会話をした女性が押してくれたので、自分で押すのはここが初めてでした。

ビビりつつ押したら、クッキリとした印影になりませんでした。

「うわぁ！　かすれてるやん」

涙が出そうになりましたが、でも考えようによっては自分で押したという証《あか》しのようなものです。ま、これはこれでいいかと、印刷物みたいな完璧な色紙にするのはあきらめました。

恵比須さんに願掛けをし、空海さんにもご挨拶をして、ご朱印ハンコを押し、誰にも会わずに参拝を終えました。こんなにあっさりしていていいの？　というお参りでした。気楽と言えば気楽です。「すみませ〜ん」とお寺の人を呼ばなくていいからです。


龍雲寺《りゅううんじ》（毘沙門天）〈岐阜県岐阜市芥見大船〉

【当寺は、創建不詳の真言宗高野山末の寺院として芥見北山に所在、天正年間に戦火にあい荒廃したと伝わる。その後、龍泰寺十八世長霊正鎮大和尚を迎え、龍泰寺の末寺となり

曹洞宗の寺として復興。龍泰寺二十一世清巌貞淳和尚を開山に拝し、開創。】

（ぎふ七福神の公式サイトより）

門の2階部分に鐘があるという、特別な由緒がありそうな古い門が迫力満点です。

門をくぐると、正面には横に長い建物があり、玄関部分に「ぎふ七福神」「毘沙門天様入口」という案内がありました。

このお寺は毘沙門天像が外にあるのではなく、お堂の中に祀られています。

本堂の前には小さな七福神像が7つありましたが、こちらはシンボルとして飾られている石像でした。

建物の中に入ると、内陣に手を合わせられるようになっていました。毘沙門天は秘仏らしく厨子の扉は閉まっていました。お前立ちの毘沙門天像が置かれていたので、祈願はここでしました。

その横にご朱印ハンコを押すところがあります。そばには女性がいて、

「お天気、持ちそうですね〜」

と、さりげなく話しかけてくれました。

「そうですね～」

「ゴールデンウィーク最後の日だから、降ってほしくないですよね～」

「私もそう思います～。あ、私、２枚押します」

「はい、どうぞ～」

２枚分６００円を入れてハンコを押しました。朱肉がしっかりしているからか、きっちりハッキリ、キレイに押すことができました。あまりの印影の美しさと押しやすさに、ついうっかり感嘆の声が出ました。

「おぉ～！」

「どうかしましたっ？」

「朱肉がしっかりしているので、ハンコがうまく押せました！」

「まぁ！　それはよかったですね～」

残り２ヶ所、気をつけてまわって下さいね、みたいなことも言ってくれました。

ぎふ七福神では、瑞巖寺のお坊さんが色紙の品切れを恐縮していて、必要以上に謝罪していました。お人柄がにじみ出ている応対でした。林陽寺の女性（住職さんの奥さんでしょうか？）も、人との垣根がない、人当たりのよい方でした。

そして、ここ龍雲寺の女性もほんわかとした会話で心をゆるませてくれました。ご朱印ハンコを自分で押すのは気楽です。前述したように、いちいち呼び鈴を押さなくてもいいので、「お手数をおかけしてすみません！」という気持ちにならずにすみます。誰もいなかったらどうしよう、色紙が完成しないのでは……という不安もないし、うっかり昼休みに参拝してしまいました～、ということもありません。安心してまわれます。

けれど、親切な、心をなごませてくれるお寺の人と会うと、その出会いは仏様のおみちびきですから、ありがたいものです。自分で押すスタイルにはそのような交わり、交流がないのでちょっぴり寂しいかもしれない、と思いました。


大覚寺《だいかくじ》（福禄寿・寿老人）〈岐阜県岐阜市長良〉

【當寺の開創は、１７４４年に無住の天台宗寺院を天真牧吾尼と大覚智秀居士が買い受け、阿弥陀寺2世默山元轟和尚を御開山となし、当地に大覚寺を建立されました。ご本尊は釈迦牟尼仏をお祀りし、秘仏となっています。（中略）境内には観音堂があり、そのお堂の前に慈母観音さまが祀られており、観音さまの左手がはずれるようになっています。

その左手で自身の痛いところ悪いところをさすると、観音さまの慈悲により痛みが和らぐといわれています。（後略）】（ぎふ七福神の公式サイトより）

石段を上っていくと、普通のお宅？　という建物が正面にありました。本堂は建物の2階だそうです。左にある観音堂がご朱印所となっていました。

さっそく観音堂へと行ってみました。お堂の前には、小さな福禄寿と寿老人の石像があります。シンボルとして置かれているという印象の像です。えっと？　手を合わせるのはこの像？　シンボルだけど？　と思いながら、一応ご挨拶をしました。

観音堂内部の中央には、扉の閉まった厨子があります。たぶん、観音さんが中に祀られているのでしょう。その手前に、丸くて白い石が左右に1個ずつ、2個置かれています。石の表面にはそれぞれ福禄寿と寿老人のイラストが描かれていました。

イラストなので、仏像ではありません。シンボルとも言いがたい雰囲気です（個人的な感想です）。

そこで、厨子の中にいるであろう観音さんにお願いを言いました。

ご朱印ハンコを押し、門のところまで戻って、張り紙があることに気づきました。

『慈母観音　～手がとれる観音様～

・その手で痛いところをさする

・お子さまの健やかな成長を願い頭をさする』

と書かれています。

え？　手が取れる仏像があるん？　手が取れるってどういうこと？　とあわてて見に行くと、ありました！　手の取れる観音さんの像が！

石仏なのですが、よく見たら左手の手首から先の部分が違う石で作られており、はめ込まれているのです。その部分が取れるようになっています。珍しい仏像です。さっそく手をお借りして、左右の肩を撫でました。そしてこの観音さんにも、お願いごとを伝えました。

ここでも誰とも会わずに参拝を終えました。さらっと参拝がすんで気楽でしたが、こうも簡単に終えてしまうと、これでごりやくをいただいてもいいのだろうか、と申し訳ない気持ちになりました。

吉祥寺《きちじょうじ》（弁財天）〈岐阜県岐阜市太郎丸〉

【江戸時代万治年度（〜１６６０）に建立
宝永二年（１７０５年）越前大本山永平寺天梁禅師を拝して開堂式を行う。】
（ぎふ七福神の公式サイトより）

最後のお寺です。

駐車場はお寺の横にありましたが、境内に入るにはぐるりと池をまわります。

参道の入口には、

『先ず、池の拝殿に参拝してから御朱印をお受け下さい』

と書かれた看板がありました。参道入口から奥を見ると、左に赤いのぼりが何本か立っています。

ん？　と思ったのは、そののぼりの向こうです。見えない世界の白ヘビがこちらをじーっと見ているのです。首をこちらに思いっきり向けていて、じと〜〜〜っという感じで注視していました。

うわぁ、チェックされてるわ、強い白ヘビだな！　というか、怖いな！　と思いました。

訪れる参拝者をガン見しているのです。ひ〜え〜、私、まだ参道に足を踏み入れてませんけど〜？　なんで睨《にら》んでいるんですか〜、とドキドキしながら進みました。

参道の左には池があり、そこに拝殿というか、屋根つきのオープンな建物があります。中に弁財天が祀られています。「乳弁天」ということで、天井からはたくさんのおっぱいのぬいぐるみが下げられていました。

白ヘビ像はこの弁財天の拝殿の手前、左側に置かれています。石像です。

このヘビ像に白ヘビが宿っているのです。弁財天はシンボルとしての像でしたが、白ヘビは実際にいました。

しかも、白ヘビ像はけっこうきつい顔に作られています。もしかしたら、白ヘビがわざとそのように作らせたのかもしれません。参拝者が撫でたりしないように、です。相当な力を持っている白ヘビなのです。

ちなみに、この白ヘビ像の写真は撮らないほうがいいです。私は撮った瞬間に、「消せ」と言われました。でも1枚くらいは……と残そうとしたら、猛烈に気分が悪くなったので、言われたとおりに全部削除しました。本当に厳しい白ヘビなのです。

このお寺で、ぎふ七福神がなぜ有名なのかがわかりました。『女性自身』という週刊誌の、２０２３年12月19日号に掲載されたそうです。その記事のコピーが貼られていました。

宝くじ売り場の人が七福神めぐりをして、ご朱印を集めた色紙を飾ったら、その売り場から2億7千万円の当たりが出たそうです。同じように、七福神の色紙を飾った別の売り場からも2億円が出たとのことです。

さらに、福岡県でも七福神めぐりをした売り場から3億円が2本出ており、栃木県でも2億8千万円が出たということです（うろ覚えです。違っていたらすみません）。

すごいですね！　七福神めぐりのパワーは。大阪でも2億円が出ているそうですし、東京池袋でも7億円が出たとのことです。

なるほど〜、それで有名になったんだ〜、とわかりました。ぎふ七福神には強烈なパワーを持った白ヘビがいるので、不思議ではないな、とも思いました。

とぐろを巻いているのに、顔だけ入口にヌッと向けて、じーっと見ているのです。入ってくる人をチェックしているのは、金運を叶えるべき人間かどうか吟味しているのかもしれません。とりあえず、白ヘビにお願いを言いました。白ヘビはひとこともしゃべりませんでした。

「朱印処」と書かれた建物の中には仏像が多く安置されていました。道のつながっていない仏像も多かったのですが、つながっているものもありました。右側には人形っぽい像が並べられており、閻魔さんもいて、見ごたえがあります。ここでもお願いをしておきました。

授与所も兼ねていたので、いろいろなグッズが買えるようになっています。

このお寺で最後まで謎だったのは、池のところにいる弁財天は道がつながっていないのに、なぜ白ヘビがそこにいたのか？　ということです。ヘビの像は新しいものだったので、古くからいるわけではなさそうです。

見えない世界はこのように「なんで？」「どうして？」と思うことがあります。人間が考える理屈とか、人間の想像、常識が通用しない世界なので、「はて？」と思うことが少

宝船のご朱印色紙

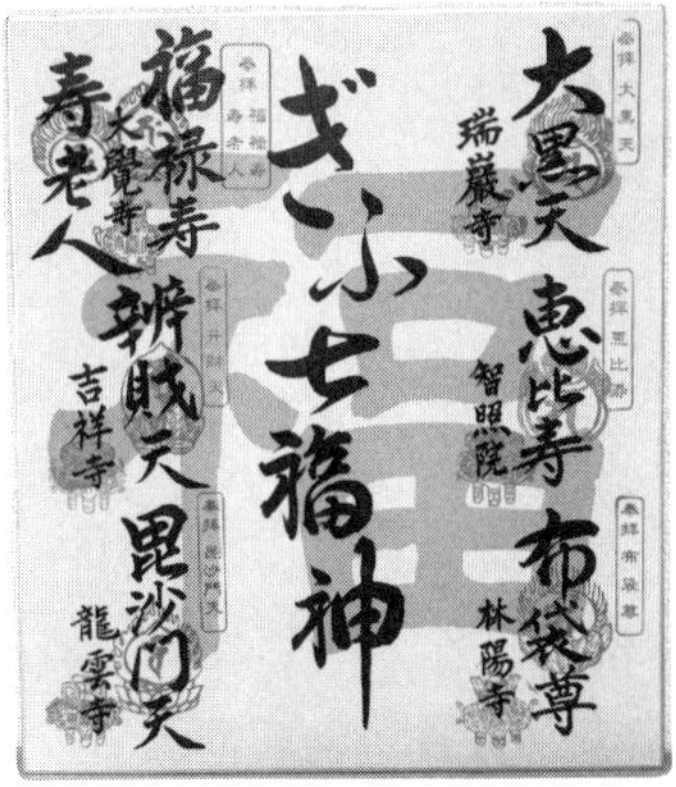

大きな「福」のご朱印色紙

なくありません。見えない世界は奥が深く、まだまだわからないことだらけなのです。

参拝後の気づき

これは私の推測ですが、ぎふ七福神めぐりは週刊誌に紹介されたあと、どっと人が押し寄せたのではないでしょうか。ごりやくをいただきたい！　と。

ひっきりなしに参拝者が呼び鈴を押し、「ご朱印をお願いします」と来れば、対応するほうは大変です。それで、自分で自由に押してね～、というシステムにしたのでは？　と思いました。

まわるほうとしては、色紙が〝必ず〟完成するからありがたいです。その色紙（ご朱印の台紙）もお寺の人を呼んで買わなくてもいいようになっていました。セルフで買えるのです。林陽寺はどうだったか覚えていないのですが、どこも封筒に入れて置いてありました。

この七福神めぐりでは、小銭の用意が必須です。お釣りをもらえないからです。色紙には宝船が描かれているし、自分でちゃんとまわるので立派な縁起物になります。宝くじ売り場で大きな当せんが出たというのも納得です。

でも、お金関係は白へビのおかげかもしれません。何億という金額でも、全然余裕、というパワーを持っていました。

白へビにごりやくをいただきたいのなら〝参道入口〟で最初に白へビにご挨拶をします。左側奥に向かってお辞儀をすればオーケーです。そして、白へビ像の写真は撮らないように気をつけます。弁財天の拝殿を写す時も、白へビが入らないように配慮します。

そこをキッチリしておくことが、お願いを叶えてもらうコツです。

ちなみに、ここの七福神めぐりの恩恵は運気アップでした。

第7章 七福神めぐりで大きな開運をいただく

KOBE（神戸）七福神めぐり

～兵庫県～

念仏寺（寿老人）
◀
天上寺（布袋）
◀
大龍寺（大黒天）
◀
生田神社（弁財天）
◀
湊川神社（毘沙門天）
◀
長田神社（恵比須）
◀
須磨寺（福禄寿）

特別な開運を祈願する

神戸の七福神めぐりでは何をお願いしようかな、と数日前から考えていましたが、「そうだ！　とてつもなく大きな開運をもらうことにしよう！」と思いつきました。

前回のぎふ七福神めぐりでは、夢の現実化に必要な、具体的なサポートを祈願しました。もしも叶えてもらえたなら、私が努力さえすれば夢は実現します。

今回の特別な開運は、叶った夢がさらに大きく花開くように、大成功するように、という意味の開運です。ドッカーンとすべての面で運が急上昇するような、ツキまくりと言い換えてもいいようなド派手な開運、それを将来、夢が叶ったあとで下さい、とお願いすることにしました。

この願掛けは、叶えてもらえるとしてもだいぶ先の話です。

念仏寺《ねんぶつじ》（寿老人）〈兵庫県神戸市北区有馬町〉

【享徳5年（1532年）の創建で開山は岌誉。本尊の阿弥陀如来立像は快慶の作と伝わる。

安土桃山時代の慶長年間（1596年ー1615年）に谷之町から豊臣秀吉の正室北政所（ねね）の別邸跡である現在地に移転した。古い石垣の上に建つ本堂は有馬温泉郷最古の建築物で、江戸時代中期の正徳2年（1712年）に建てられた。】

（Wikipediaより。原文ママ）

ご本尊は阿弥陀如来です。

有馬温泉にあるお寺です。ここは有名な温泉地ですが、私は行ったことがありませんでした。神戸の近くなので都会だろうと思って行くと、予想に反して山里っぽい雰囲気でした。

驚いたのは、「ここは一流の温泉地である！」というプライドを土地から感じたことです。

温泉地として古い歴史があるからか、その矜持《きょうじ》がビシバシと迫ってくる、そのような土地なのです。人を癒やす、治す、という湯治場の意地でしょうか。すごい土地だな！　というのが正直な感想です。

念仏寺の本堂は入ることができず、障子も閉まっていたので、本堂の仏像は見えませんでした。

左に寿老堂があり、そこに寿老人が祀られています。彩色された人物像が真ん中に安置されていて、左右にも小さな像がいくつか並べられていました。

ここで寿老人に、七福神めぐりが結願したら「願いを叶えて下さい」と言って、願いの内容を詳しくお話しました。

色紙を購入するためにお寺の人を呼ぶと、年配の女性が対応してくれました。ちょっとした世間話なんかもして、癒やしをくれる方でした。天然でニコニコしているという、とても感じのいい女性で、スタートから元気がもらえる人に当たってラッキーでした。


お寺の近くにあった「有馬温泉の歴史」という看板にはこう書かれています。

『有馬温泉の歴史は古く、神代の昔、大己貴命《おおなむちのみこと》と少彦名命《すくなひこなのみこと》の二神が三羽の傷ついた烏《カラス》が湧き出した泉で傷を癒しているのを見つけて温泉を発見したのが始まりだといわれております。

「日本書紀」にも、舒明天皇（631年）や孝徳天皇（674年）が御幸したとの記述があり、日本最古の温泉といわれております。

有馬温泉が世に広く知られるようになったのは、奈良時代に行基菩薩が温泉寺を建立し、また、鎌倉時代には仁西上人が十二の宿坊を建ててからといわれ、さらに太閤秀吉公は、湯治のためにたびたび有馬を訪れ、戦乱や大火で衰退した有馬の改修を行い、湯山御殿（太閤の湯殿館に湯船の遺構が現存）を建てました。

江戸時代になってからは、その効能により全国でも評判の湯治場となった有馬には多くの人々が湯治に訪れ、有馬千軒といわれる繁栄をするにいたり、その繁栄はこんにちの礎となっております。』（原文ママ）

へぇぇ～！　ですね。秀吉さんの時代のあたりから有名になったと思っていたので、歴史の古さに驚きました。土地がプライドを持っているのもわかる、という由緒です。

そこには付近の案内板もあり、「銀の湯」や「太閤の湯殿館」が書かれていました。

うわ～、温泉につかりたいー！　湯山御殿の遺構を見たいー！　と思いましたが、1日で七福神めぐりを結願する予定です。さらに、その日に宿泊するホテルは淡路島だったので、有馬温泉に入ることや観光は泣く泣くあきらめました。

有馬温泉の中心部は道が狭いです。超狭いところがあって、車1台だけしか通行できませんよ～、それもコンパクトカーでなければ通れませんからね～、という幅でした。しかもですね、大勢の人がぞろぞろと歩いているので、余計に狭いのです。ここを運転すると神経がすり減ります。車で中心部に行くのはやめたほうがいいですよ、というのが私からのアドバイスです。

天上寺《てんじょうじ》（布袋）〈兵庫県神戸市灘区摩耶山町〉

【大化2年（646年）摩耶山天上寺は、大化二年、孝徳天皇の勅願により、インドの高僧法道仙人によって開創されました。】（公式サイトより）

ご本尊は十一面観音です。

駐車場から石段を上って、門をくぐり、さらにまた上に続く石段をヒーヒー言いつつ上ると、境内入口に着きます。ラクには上れない石段ですが、新緑の季節だったので緑が美しかったです。目の保養になりました。

広々とした境内は石が配置された庭園になっていて、これは天空の仙郷を象徴した枯山水庭園だそうです。爽やかな境内です。お寺お寺している境内と言ってもいいかと思います。境内の端からは街が一望できますから、景色も楽しめます。

本堂は写真撮影禁止なので、うろ覚えですが、彩色された仏像が並んでいました。歴史がある古い仏像は黒っぽいのが普通ですが、ここは彩色されているのでキレイで明るいです。仏教が伝来した大昔はこういう感じだったんだろうな、と思いました。

布袋像に「特別に巨大な開運をお願いします！」と願掛けをしました。像には道がつながっていなかったので、布袋像を通してご本尊にお願いをしました。


本堂の右には摩耶《まや》夫人堂があります。お釈迦さんの生母である摩耶夫人ですから、女性のための仏様、みたいなことが書かれていたように思います。

そうなんだ～、と思ったけれど、ここはお辞儀だけですませました。そのまま寺務所にご朱印をもらいに行こうと歩いていたら、なんと！　色紙を持っていた手をバフ！　とはたかれました。

えっ！　とビックリです。これはたとえで言っているのではなく、本当に現実の世界で、私の手をバフ！　とはたいたのです。

ひぃぃ～、なんてパワーある仏様！　お参りしろってことだな～、とは思ったのですが、この日はけっこう離れている場所にある7寺社を1日でまわらなければなりません。ゆっくりお話をする時間はないし、写真撮影禁止ですから、こういう仏様がいますよ〜、とブログで紹介もできないわけです。

というわけで、「すみません」と素通りしようとしました。

すると、「へ？」みたいな、目が点になったような感じの表情をした摩耶夫人が、なんと！　お堂の外まで出てきました。

「おいおい、帰るのか？」

「はい！　すみません！　帰ります！　でも、またいつか来ます。今日のメインは七福神さんなので」

ニコニコして答えると、摩耶夫人は、

「………………」

と、私の顔を見ていましたが、スッと消えました。

女性の味方という仏様なので、悩みがある女性は参拝するといいです。大きなパワーを持った仏様です。なにせ、現実界で私の手をバフ！　とはたいたのですから。

境内には、法道仙人《ほうどう》の石像もありました。

インドから渡来して、孝徳天皇の勅願を受け、摩耶山を開いたと伝わっている仙人です。この像にはなんとも言えない親近感を覚えます。ちょっぴり猫背に作ってあり、お顔も人間味のある表情なのです。初めて会ったのに「法道仙人、こんにちはー！　お元気でしたか？」とご挨拶したくなるお姿でした。

大龍《たいりゅう》寺《じ》（大黒天）〈兵庫県神戸市中央区神戸港地方字再度山〉

公式サイトによる由緒はストーリーになっています。かなり長い文なので、私なりに要約させていただきますと……。

１２５０年ほど昔のことです。

和気清麿《わけのきよまろ》公が不思議な夢を立て続けに見ました。その数日後、近所に霊験あらたかな仏像をお祀りしているという噂を聞き、清麿公は出かけていきます。すると、その仏像は夢に出てきた僧侶と瓜二つでした。

仏像は行基が一刀三礼して彫り上げた「聖如意輪観世音菩薩」です。

夢の話をすると、その不思議な夢は仏様が見せてくれたのだろうということで、清麿公こそが仏像を祀るのにふさわしいとなり、清麿公はこの仏像をもらうことになりました。

清麿公は訳あって刺客に命を狙われます。手に刃物を持った刺客たちに襲われた時、清麿公は「これまでか」と観念しました。

その時、沢のほうから突如大きな龍が姿を現しました。恐怖におののいた刺客たちはあわてて逃げ出します。清麿公は、龍に食われるさだめかと、龍の現れた方角を振り返ったところ、龍の姿はどこにもありません。そこには夢で見た観音様が立っていました。清麿公は、一連の不思議な出来事はこの地に観音様をお祀りする寺院を建立せよとの思し召しであると気づきます。早速、上奏して勅許を賜り、お寺を建立しました。

ご本尊は如意輪観音です。

念仏寺、天上寺、とまわってきて、ここまでが山というか、山間部、山里、街ではないという土地です。六甲の山の中を走りまわって、やっと着いたという印象でした。山道ですから、ぐるぐるとカーブだらけで、助手席に乗っていたら絶対に酔うだろうな〜、という道でした。

門のところには仁王像が置かれているのですが、こんなに恐ろしい顔の仁王さんは久しぶり、というくらい迫力満点です。

このお寺も新緑が美しくて、涼やかに彩られている参道を歩きました。「本尊　毘沙門天」と柱に示されているお堂があり、天井には３枚の扁額が掲げられています。左から「毘沙門天」「大黒天」「弁財天」です。ここに「ＫＯＢＥ七福神」と書かれたのぼりが立てられていました。

扉のガラスの部分からのぞかせてもらいましたが、どこに大黒天がいるのかわかりませんでした。もしかしたら、秘仏かもしれません。正面に厨子があったように記憶しています。

大黒天に声が届かないので、「本尊　聖如意輪観世音菩薩」「弘法大師　大願成就」と、左右の柱に示されていたお堂でお願いをしました。ここもガラスのついた扉なので中が見えにくいのですが、ご本尊ですから大丈夫です。声は届きます。

このお寺は、ご朱印をもらうところでお茶を出してくれました。私のすぐあとに２人、ご朱印をもらいに来たので、ご朱印をもらい終わった私はゆっくりとあたたかいお茶をいただきました。

このお茶がお世辞抜きで、すごく美味しかったです！　どうやらしいたけ茶のようなのらです。ほしい！　これほしい！　売っていたら買いたい！　と帰りに入口のところを見たら、売っていました。

買いたいーーーっ！　と思いましたが、お茶を出してくれた女性はすでに奥に引っ込んでいます。住職さん（たぶんそうだと思います。Tシャツを着ていたので確実ではありませんん）は、私のあとの人にご朱印を書いています。

ここで「すみませーん！」と大声で人を呼ぶのはどうなん？　空気が読めない人だなぁ、となりそう……ということで、ビビリの私はそのまま失礼しました。

しいたけ茶、めっちゃ美味しかったです。購入しようと思う人は、女性が奥に行く前に声をかけたほうがいいと思います。

生田神社《いくたじんじゃ》（弁財天）〈兵庫県神戸市中央区下山手通〉

【由緒～稚日女尊《わかひるめのみこと》、活田の地に祀る～

神功皇后《じんぐうこうごう》元年（西暦201年）三韓外征の帰途、今の神戸港にて船が進まなくなったために神占を行ったところ、稚日女尊が現れ、「私は活田長峡国に居りたい」と申されたので、海上五十狭茅《うながみのいさち》という者を神主として祀られた。】（公式サイトより）

有名な神社ですが、参拝したことがなかったので、ワクワクで行ってみました。

スカッと境内がクリアな神社です。拝殿前のスペースは神様の波動だまりとなっていました。

祝詞で出てこられたのは、古〜〜〜〜い神様です。古代、森のようだったこの地域を、その当時からずっと守ってきた神様です。

なぜだかオッチャンの姿をしています。おじさまでも、おじさんでもなく、オッチャンなのです。恰幅のいい体型で、年齢は50代です。でも、もとは人間ではありません。もともと神様なのです。

「どうしてそのようなお姿でいらっしゃるのですか？」

「この容姿だと見るからに神、ではないか？」

そう言って、ガハガハと明るく笑います。豪快な性質のようです。

なぜ、オッチャンの姿だと神様らしいと思うのか……という疑問が湧きましたが、ガハガハしている神様を見ていると、細かいことはいいか、という気持ちになりました。

それから私の個人的な相談をしました。そこでわかったのは、非常に面倒見のいい神様であり、たいへん優しいということです。古くからずっと信仰が続いてきたのもわかるという、頼りがいのある神様です。

会話をしているとホッとするような気持ちになりました。寒い季節の日だまりのような神様であり、それを視覚化したのが……どうやらオッチャンの姿のようです。そこだけは理解ができませんでしたが、いい神社だな〜、と思いました。

「神様、縁結びがごりやくとなっていますよ？」

「縁結びもするぞ」

ということで、お得意だそうです。

弁財天はどこにあったのかわかりませんでした。けれど、ここは神様にお願いをすればいいので、弁財天を見つけられなくても問題ありません。

重ねて言いますが、七福神像はシンボル、象徴となっているところが多いです。ですから、どこにあるのかわからない、見つけられない、となっても必死で探したり、困ったりしなくても大丈夫です。

ご祭神、ご本尊にお願いをすればオーケーだからです。

湊川神社《みなとがわじんじゃ》（毘沙門天）〈兵庫県神戸市中央区多聞通〉

【智・仁・勇の三徳を備え聖人と仰がれた南北朝時代の名将、楠木正成公をお祀りし、神戸っ子には楠公《なんこう》さんと親しまれています。

楠の緑鮮やかな都会のオアシスは、明治5年（1872）のご創建。】（公式サイトより）

湊川神社でも毘沙門天像がどこにあるのか、わかりませんでした。というか、正成《まさしげ》さんにお願いをすれば確実なので、探しておりません。

ご祭神である楠木《くすのき》正成公を「正成さん」と呼ばせてもらっているのは、神様修行をしていた頃に初めてお会いしたからです。当時はまだ修行中だったので「正成さん」と呼ばせてもらい、そのまま今に至っています。

祝詞を唱えてご挨拶をし、正成さんにお願いをしました。七福神めぐりが結願したら、大きな大きな特大の開運を下さい！　と。

ドーンとしたビッグな開運がほしいんです！　としつこくお願いをしていると、

「どのようなことに作用する開運か？」

と聞かれました。そこで、具体的に叶えたい夢の話をし、叶った場合、それが花開くように、大成功するように働く開運です、みたいなことを説明しました。

正成さんは「ふむふむ」と聞いていて、

「その開運は間に合うのか？」

と笑いながら聞きます。ご挨拶の時に、七福神がテーマの本を出すことを言ったので、開運をもらえたとして、それが本の発売に間に合うのか、間に合わないだろう？　という意味です。ややジョークっぽい質問でした。

たしかに本の発売には間に合いません。でも、結果がすぐにわかるような、切実ではないお願いをするのは遠慮したい……という気持ちで、

「間に合いませんが……お願いしますっ！」

と答えました。私の必死な形相《ぎょうそう》がおかしかったのか、正成さんはクスクスと上品に笑っていました。

「あ、でも、七福神めぐりが結願したら、ですけど」

「結願はするだろう？」

そう言って、今度は朗らかに笑います。たしかにそうです。レンタカーでまわるのです

から、よほどのことがない限り、この日で結願することは確実なのです。

「はい……結願することは決まっているようなものですが……。一応、叶えてもらう条件として、それがいかに難しいか、みたいな感じで言ってみました……（汗）」

正成さんはお腹を抱えて大笑いしていました。生前のお人柄そのままの楽しい神様です。

神戸七福神めぐりのご朱印色紙

ご朱印をもらいに授与所に行くと、フェルトでできた干支《えと》のストラップが売られていました。小さなぬいぐるみのようで可愛いです。

今年は辰年だから買うとしたら龍かな～、と思いましたが、白ヘビがえらくキラキラしています。白ヘビだけが輝いているのです。どうしてこんなに光っているのだろう、と本殿を見たら……なんと！　大きな白ヘビがいるのです！

「うわぁ！　白ヘビがいる！」

真っ白の美しい白ヘビで、目は赤いです。い

るのは1体だけです。その姿にぼーっと見とれていると、

「見えるか？」

と、正成さんが聞きます。

「はい！」

参拝者の中には、一生懸命にお金の願掛けをする人がいるそうです。最近はお金に関しての願掛けが多くなり、それも大金を願うのではなく、小金のお願いが主流だと言います。

そのようなごりやくがお得意なのは、皆様もご存じのように白へビです。

そこで正成さんは、参拝者のために白へビに来てもらうよう頼んだそうです。やって来た白へビは頑張ってせっせと働いているとのことです。

正成さん、すごいですね！　私が通い始めた頃は眷属はいませんでした。そこから少しずつ増え、正成さんの神様としてのサイズが大きくなるにつれて、種類も多くなっています。湊川神社は、今では大きな白へビのいる神社なのです。

正成さんも会うたびに大きくなっていて、最初の頃を知っている私からすると、しみじみと大きな神様になられたなぁ、と思います。すごいパワーを持った神様になっているの

です。

これまでは楠木正成という人物が前に出るというか、人物が大きく見えるというかもとは人間でした、という部分が顕著だったのですが、今は神様の威光が前面に出ています。規模がどんどん大きくなっている正成さんなのでした。

白ヘビがいるので、お金の願掛けも遠慮なくしなさい、というのは正成さんから皆様への伝言です。

長田《ながた》神社《じんじゃ》（恵比須）〈兵庫県神戸市長田区長田町〉

【神功皇后《じんぐうこうごう》摂政元年春2月、皇后が新羅より御帰還の途中、武庫の水門に於て「吾《あ》を御《み》心《こころ》長田の国に祠《まつ》れ」とのお告げを受けて、山背根子の女・長媛《ながひめ》を奉仕者として創祀された全国有数の名大社である。（日本書紀　神功皇后摂政元年条　西暦201年と伝える）】

（公式サイトより）


境内は凛とした雰囲気で、格の高いご神気が流れています。朱色の社殿から放たれるオーラがどこか異国チックで、大昔の交易を思わせる神社です。

境内にある大木の左右にお社があって、右が出雲社、左が蛭子《ひるこ》社となっていました。この蛭子社のところに「ＫＯＢＥ七福神」ののぼりが立っていました。神社の公式サイトによると、蛭子というのは、

【事代主神の別名で、ヒルコ又は恵比須《えびす》とも呼ばれる招福の神名。】

だそうです。

2社の中間には恵比須と大黒天の石像が置かれていました。

七福神の願掛けは蛭子社と本殿でしました。というのは、この神社のことがわからなかったからです。なぜか、まったく、全然、サッパリわかりませんでした。

多くの神社仏閣を訪れていると、たまにこういうことがあります。このような場合、取材をするのはこの日ではない、もしくは、このテーマではない、ということです。後日、別のテーマで取材に行くと、スッキリとすべてがわかる、というパターンなので、また来なさいってことだな、と七福神めぐりのお願いだけをして辞去しました。

須磨寺《すまでら》（福禄寿）〈兵庫県神戸市須磨区須磨寺町〉

【須磨寺略歴縁起（寺蔵）によれば、兵庫区和田岬の海中より出現し給える聖観世音菩薩

像を安置するために、淳和天皇の勅命により、兵庫区会下山に、恵偈山北峰寺が建立された。

後に、仁和二年（ＡＤ８８６）に、光孝天皇の勅命により、聞鏡上人が現在の地に上野山福祥寺を建立し、北峰寺より聖観世音菩薩像を遷し、本尊としてお祀りしたのが、当山の開基と伝えられる。】（公式サイトより）

ご本尊は聖観世音菩薩です。

このお寺も過去に来たことがあります。

仁王門をくぐって境内に入ると、以前と同じく柔らかくてまろやかな「気」に包まれました。その「気」は奥へ行けば行くほど濃くなります。

ここは境内が広くて見どころ満載、参拝どころ満載のお寺です。しかし、今回は７ヶ所をめぐる最後でしたから、到着した時間も遅く、けっこう疲れていました。福禄寿像を探すのはしんどくて無理かも？　ということで、一直線に本堂へ向かいました。

ご本尊の観音さんは大きく包み込むような、深い愛情と優しさを持っています。本堂の周辺は観音さんのあたたかさと慈愛に満ちた波動が漂っていて、心地よい空間です。

前回来た時に、本堂で手を合わせたら、ニコニコと微笑《ほほえ》んだお顔の観音さんが出てこられました。「経でも聞いて、ゆっくりしていきなさい」ということで、祈禱を見せてもらいました。

歌っているような読経が魅惑的で、引き込まれるような祈禱でした。お坊さんは最後にシンバルのようなものを鳴らします。その響きと振動が悪いものを落とす、と観音さんが教えてくれました。憑いている幽霊だけでなく、人に飛ばされたよくない念とか、自分がよくない行動や言動でつけた魂の黒いシミとか、そういうものもすべて落としてくれるそうです。

このように、ご本尊はたいへんありがたい仏様であることを知っているので、願掛けは観音さんにしました。そのあとで本堂横の大師堂にも寄り、空海さんにもお願いしておきました。

ちなみに、このお寺だけでまわれる七福神もあるそうです。

このお寺の手水舎《てみずや》は小さなパワースポットです。手水舎には大きな弘法岩が置かれていて、岩の中央には五鈷杵《ごこしょ》が祀られています。仏様が、この岩の周囲を流れる水に五鈷杵のパワーが入るようにしています。ですから、手水舎の水は五鈷水です。もらうことが難しい五鈷杵の力を水として与えてくれるので、いただくことがおすすめです。

五鈷杵は私たち一般人が持っていても、自宅に飾っていても、なんの効果も発揮しません。パワーも放出しません。ただの置き物でしかないのです。しかし、お寺にあるものは違います。仏様の道具としてさまざまな種類のパワーを放っています。よくないものを寄せつけないパワーもあります。

空海さんの像が五鈷杵を握っていることからおわかりのように、この法具には底知れぬパワーがあるのです。というわけで、このお寺の手水舎はスルーしないほうがいいです。

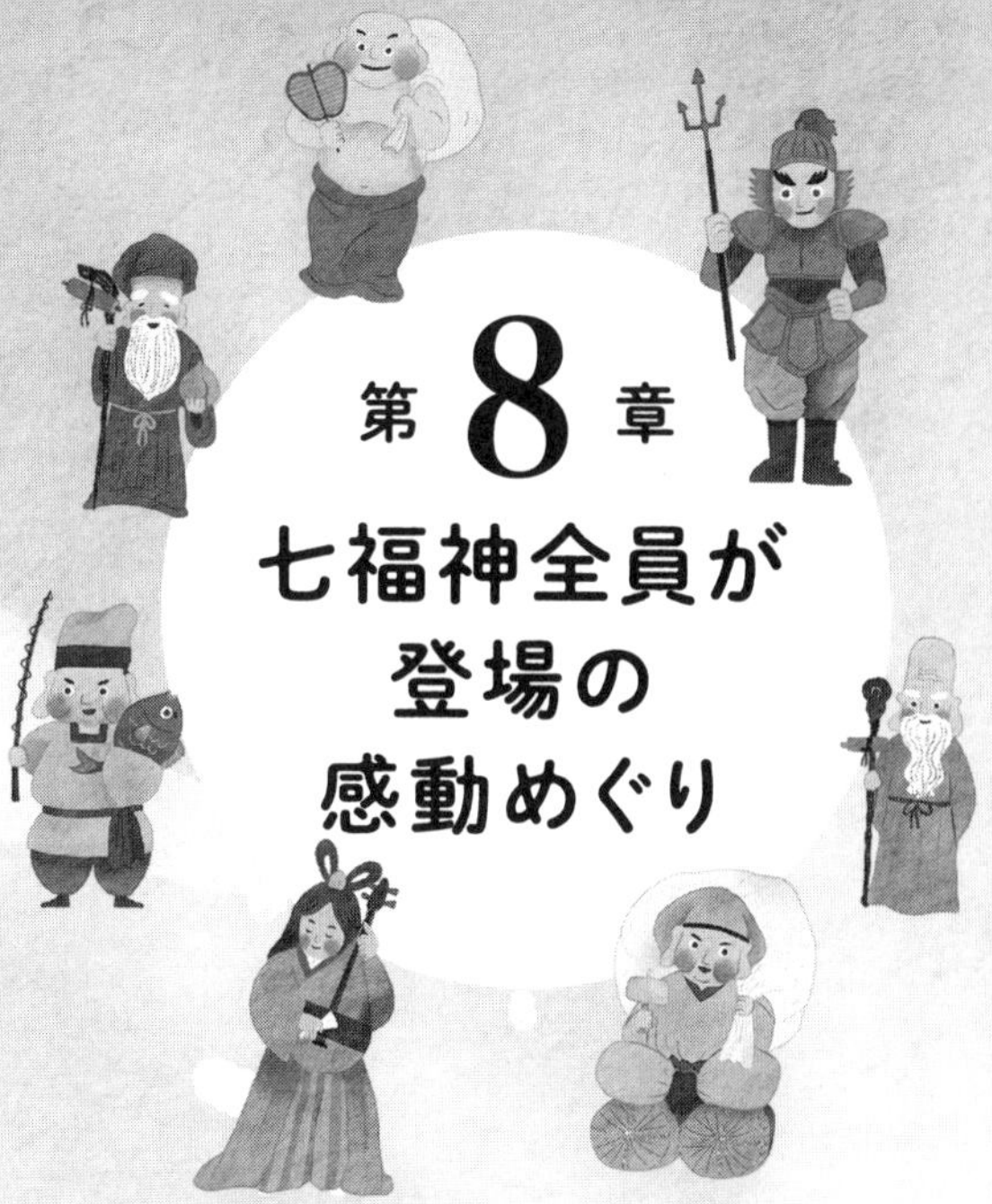

第8章

七福神全員が登場の感動めぐり

淡路島七福神めぐり

～兵庫県～

護国寺（布袋）◀ 萬福寺（恵比須）◀ 覚住寺（毘沙門天）◀ 長林寺（福禄寿）◀ 智禅寺（弁財天）◀ 宝生寺（寿老人）◀ 八浄寺（大黒天）

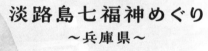

一生続く健康を祈願

神戸で七福神をめぐった翌日に、淡路島の七福神もまわりました。

神戸では大きな開運をお願いしたので、淡路島では〝健康〟をお願いすることにしました。ちょうどその頃、体調がよくない人のお見舞いに行き、思うところがあったからです。

介護職をしていた時に感じたり、考えたりしたことを思い出し、「健康が一番」ということを再認識しました。

「死ぬ直前まで健康でいられますように」というのが、今回の願掛けです。

私と同じ考えの人もいると思いますが、私はあちらの世界に帰る時は、ポックリ逝きたいです。

２０２２年９月に亡くなられたイギリスのエリザベス２世女王は、亡くなる２日前まで公務をしていたそうです。寝たきりではなかったし、病気で苦しんでもいませんでした。認知症でもありませんでした。私もそのような最期がいいな、と思っています。

「死ぬ直前まで健康でいられますように」というお願いですが、何がどうだったら健康なのかということは、もしかしたら仏様の受け取り方で違うかもしれません。そこで、念のため、どういう状態のことをお願いしているのか、ということを話しておきました。

死ぬまで自分の足でしっかりと歩き、トイレも入浴も自分でできる、死ぬまで自分の頭でちゃんとものごとを考えることができる。このように死ぬ直前まで健康でいられますように、とどこのお寺でも詳しく説明しました。


「あら？　識子さん、空海さんにも同じお願いをしませんでしたか？」

私が書いたものに詳しい人は、このような疑問を持ったかもしれません。

たしかに私は「一生のお願いです」という枕詞をつけて、空海さんに祈願したことがあります。「健康でいられますように」と。

この時、空海さんは腕組みをして、黙って聞いていました。

健康とは、これこれこういう状態で……というふうに、私の言う「健康」がどういうものなのかを細かく説明すると、

「一生（に一度）の願いか？」

と、聞かれました。

「はいっ！　そうです！　一生にひとつきりのお願いですっ！」
「ひとつきりの願いなら聞いてやろう」
というわけで、「健康でいられますように」というお願いは叶えてもらえるのです。
しかし、あれこれ考えると、どうしても〝死ぬ直前まで〟という条件をつけたい！　と思いました。それで、似たような祈願ではありますが、淡路島の七福神めぐりでは、このお願いをすることにしたのです。

護国寺《ごこくじ》（布袋）〈兵庫県南あわじ市賀集八幡〉

【（縁起）　行教上人が開創された由緒ある古刹で、本尊の大日如来坐像は、慈願にみちたお姿で胎蔵界を表し、千年の歴史が偲ばれます。行教上人は、大和大安寺の僧で三輪宗及び真言宗を学び、後に伝灯大法師に任じ貞観元年（８６９）、豊前宇佐八幡宮に参詣し２年余りをここに過ごしました。行教上人有縁の史跡と伝えられています。】

（淡路島観光協会公式サイトより）

ご本尊は大日如来です。

このお寺に来た時は軽くめまいがしていました（詳細は次の章で説明します）。何年ぶり？　というめまいだったので、かなりつらく感じました。しかし、お寺に着くと同時に軽くなり、スーッとよくなりました。一体、なんだったんだろう？　と思いましたが、治ったのでオーケーです。

ここは真言宗のお寺です（淡路島の七福神はすべて真言宗のお寺でした）。歩いていると、空海さんの声が聞こえてきました。

「本に書くからと、そのために願うのではなく、自分が願いたいことを願え」

このありがたいひとことで、「死ぬまで健康」を願うことに迷いはなくなりました。実は直前まで、ひとつの例として本に書けるように、結果がすぐにわかるお願いをしたほうがいいのでは？　と考えていたのです。

本堂の斜め前にある本地堂というところには、中央に阿弥陀如来像が安置され、右に毘沙門天、左に不動明王という、強い仏様が２体、脇侍として置かれていました。お堂は平成８年（１９９６）に再建されているので新しいのですが、祀られている３体は古い木像です。阿弥陀如来は平安時代、毘沙門天と不動明王は鎌倉時代に作られた仏像でした。

3体とも強烈なパワーを放っており、空間が濃かったです。仏様の圧力がすごいのです。

授与所で色紙を買おうとしたら、女性が出てこられました。40代くらいのお姉さんです。この方がとても親切で、優しかったです。説明も丁寧にしてくれました。

ここには掛け軸にできるご朱印用紙が置かれていました。掛け軸の見本もあり、七福神めぐりの掛け軸になるのですから、魅力が半端ないです。もちろん自分で作る〝縁起物〟です。ほしい！　掛け軸ほしいっ！　と思いました。

ご朱印用紙が1万8千円、各寺院でもらうご朱印代が500円です。高いとは思うけれど、ここまではまだ「買ってもいいかも？」と考えていました。しかし、このご朱印用紙を立派な掛け軸にするには、専門のお店に持って行かなければいけないのです。1枚のペラペラした用紙を掛け軸にしてもらうために、です。

その値段を見たら、表装の仕方によって金額差がありました。一番お安いもので3万円でした。ご朱印用紙と7ヶ所のご朱印代も含めると、約5万円です。うわぁ、5万円か～、ちょっと贅沢だな～、ということで、掛け軸は泣く泣くあきらめました。

淡路島七福神の色紙

金色に輝くご朱印色紙

淡路島七福神めぐりの色紙に描かれている絵は、購入する寺院によって違うそうです。このお寺で売られている色紙は、住職さんの知り合いの絵師が描いたものでした。白い色紙は1500円で、金色は2000円です。私は金色を買いました。

淡路島七福神の色紙（七福神が乗った宝船が龍の背に乗っている絵が描かれている色紙で、ご朱印を集めるものではありません）があって、これは縁起物ではなかったのですが、お姉さんから買うと縁起がよさそうだったので買いました。布袋のおみくじと、宝来《ほうらい》もあったので一緒に買いました。

ちなみにご本尊は秘仏で厨子に入っています。毎月28日とお正月（元日から一週間）は拝めるそうです。

ご本尊の横に布袋さんを祀っているというので、そちらでお願いをしました。外にも布袋像はありますが、内陣に祀られているほうは、なんと！　道がつながっていました。

前述したように、多くの神社仏閣での七福神像はシンボル、象徴です。ですから、外に置かれていてもいいわけです。でも、ここはちゃんと祀られており、厨子に入れられていました。厨子の扉は開かれていて、道がつながっている仏様でした。

「あら？　道、つながってるやん！」とビックリです。あわててお願いをしました。

「死ぬ直前まで健康でいられますように！」

真剣に、必死で、願掛けの詳細を布袋さんに説明しつつ、頭を下げていると、仏像から布袋さんがトコトコと出てきました！

ええーっ！　出てきてくれるとかアリなんだ〜、ひゃ〜、なんてありがたい！　とさらに頭を下げて合掌していると、布袋さんは私の頭から肩をよしよしと撫でてくれました。言葉はかけてくれませんでしたが、ここまでしてもらえることに大感激しました。

庭も見ていって下さいね〜、とお姉さんに親切に言ってもらえたので、帰る前に裏へと行ってみました。

そこはただの庭ではなく、護国寺庭園という名前の兵庫県指定史跡名勝天然記念物でした。たしかに巨石3個からできている石橋は見ごたえがありました。

この池には鯉だけじゃなく、亀もいました。人が来たら餌がもらえると思うのか、私を見た亀がしゅ〜っと泳いで寄ってきました。私の正面にわざわざ来て、顔をペッと上げて私を見ます。

そこで「おや？　いつもの人間とは違うな〜」という顔になりました。本当です！　本当に微妙に表情が変わったのです。亀ですが。

少し私を見ていてポチャンと顔を水につけ、また「餌だよね♪」という期待に満ちた表情で水面から顔を出します。私をじーっと見て、「餌をくれるのはこの人じゃないような気がする……」という、曇った表情になりました。

可愛い！　この亀、可愛いーーーっ！

2匹いましたが、1匹がとても人懐っこいのです。

庭の奥まで歩いて行って、石橋を観賞し、写真を撮って戻ると、さっきの亀が「餌をくれるん？」と、またしても水面から顔を出しました。

で、私を見て「あ、こいつ、ちゃうやつや」という顔になり、すぐにポチャンと水面に潜りました。

最高に可愛い亀です！

このお寺に行く人は、亀をスルーするのはもったいないです。ぜひ会いに行って下さい。そして亀に「こいつ、ちゃうやん」と思われて、亀の表情が変わるのを見てほしいです。超キュートなのです。

ちなみに、空海さんは出てきませんでしたが、空海さんにもお願いが届くお寺でした。

萬福寺《まんぷくじ》（恵比須）〈兵庫県南あわじ市賀集鍛冶屋〉

【（縁起）宝亀年間（770〜）淳仁天皇の御陵と、御母当麻夫人の墓守を勤める僧侶の宿坊として創草されたが、時代の変遷とともに、いつしか廃退していった。応永年間（1394〜）になり、当地に館を構えた加集氏により堂宇を再興し、御陵の安穏と民衆の安泰を祈念する寺院として今日に継承されてきた。本尊の大日如来像二体を合祀とする須弥壇は、非常に貴重な様式である。】（淡路島観光協会公式サイトより）

ご本尊は大日如来です。

門を入ると手入れの行き届いた境内が広がっていました。

本堂の正面には閉じられた厨子があり、ご本尊は秘仏のようでした。その横に恵比須さんが祀られているスペースがあります。ここはお寺ですが、「恵美酒太神」という神様として祀られていました。なので、置かれているのは厨子ではなく、お社です。お鏡も置かれていました。

ここでも恵比須さんにじかにお願いをしました。どうか死ぬ直前まで健康でいられますように、と言って、一生懸命に説明をしていると、なんと！　恵比須さんも出てきたのです！　うわぁ、ここも出てきてくれるんだ〜、とワクワクです。

恵比須さんは手に釣竿と鯛を持っています。鯛は生きていました。尻尾がピチピチ跳ねているのです。感動して見ていると、恵比須さんは鯛の尻尾を私の頭にピチピチピチと当ててくれました。

驚きました。恵比須さんがごりやくを与えるのはこのようなやり方なのです。

ご本尊の手前には大きな木像の恵比須像がありました。多くの人が、恵比須さんのほっぺや鯛の頭のところを撫でているようで、そこがはげているというか、黒くなっていました。

撫でるのに最適な場所は、鯛の尻尾です。パワーをもらえるのは尻尾だからです。ですので、どこの恵比須像でも、恩恵をもらいたければ鯛の尻尾を撫でます。

覚住寺《かくじゅうじ》（毘沙門天）〈兵庫県南あわじ市神代社家〉

【（縁起）　推古天皇の頃（592）聖徳太子の勅詔により創建されたと伝えられていま す。往時七堂伽藍を備えた広大な寺領に塔頭も多くを数え、その威容を誇っていました。当寺は、淡路島でも最古の寺院のひとつと伝えられております。】

（淡路島観光協会公式サイトより）

ご本尊は如意輪観音です。

スッキリとした爽快感の漂う境内でした。門の仁王さんのところにはたくさんのミニわらじが奉納されていました。

本堂には多聞院という扁額が掲げられています。本堂内の中央にはご本尊が祀られていますが、秘仏のようでした。

本堂内の左側が毘沙門天さんが祀られているスペースです。椅子が並べられていて、祈禱をしてもらえるようになっていました。

見た感じでは秘仏でしたが、お前立ちがあり、なんと、なんと！　そのお前立ちに道がつながっていました。へぇぇ～！　でした。淡路島の七福神像は、もしかしたら、すべて道がつながっているのかもしれません。

もちろんここでお願いをしました。

すると、毘沙門天さんが出てきて、持っている三叉戟《さんさげき》（三つ股の刃をつけた矛です）をくるくるとまわし、舞うというか、決まった動き（型）をするというか、そのような感じで動きます。カッコイイ～、と見とれていると、最後に三叉戟の先で私の頭をツンツンとつついてくれました。

道のつながった七福神の仏様が、じかにさわってくれるのが淡路島流なのかもしれません。ありがたさに感激しつつ、次へと向かいました。

長林寺《ちょうりんじ》（福禄寿）〈兵庫県洲本市五色町都志万歳〉

【（縁起）　天平9年（737）、僧行基がこの地に七堂伽藍を創建し、本尊十一面観音菩薩像を安置したのが創まりで、塔頭十二坊を構え仏教弘通の霊場として威容を誇っていました。延喜元年（901）、菅原道真が九州に赴くとき当地にとどまり、長林寺の御堂に参詣されました。】（淡路島観光協会公式サイトより）

ご本尊は十一面観音菩薩です。

さてここで、ハッピー券のお話です。

淡路島の七福神をチラッと調べた時に、ハッピー券があることを知りました。すべてのお寺で祈禱つきの参拝をする、というものです。

淡路島七福神めぐりのリーフレットにはこう書かれています。

【七福神すべて回るなら、最初のお寺で受付を。

七福神の祈願料は各お寺1人300円、スタートはどのお寺からでもOK！

ハッピー券を持ってお参りすれば、最後のお寺で吉兆福笹がもらえるよ！】

吉兆福笹はほしいかも！　と思いましたが、全部のお寺で祈禱をするとなると時間がかかります。吉兆福笹が縁起物かどうかは、もらってみないとわかりません。けれど、自分で持ってまわり、1社1社でご朱印をもらう色紙は確実に縁起物になります。

縁起物の色紙があるから、福笹まで欲張らなくてもいいかな、と思いました。

参拝をする日は東京に戻る予定でしたから、夕方には伊丹空港に行かなければなりません。時間がたっぷりあるわけではないため、すべてのお寺で祈禱は無理だろうと判断しました。

最初に参拝した護国寺で、お姉さんが「祈禱つきの説明をしましょうか？」と言ってくれたのですが、「大丈夫です。ご朱印だけいただければいいので〜」とお断りしました。

というわけで、私はハッピー券なしでまわっていました。


このお寺では、福禄寿を祀っている観音堂は扉越しの参拝でした。まず福禄寿にお願いをしましたが、どうしても願いが届きません。

「ご本尊にお願いすればいいか」

と本堂前に行くと、こちらはアルミサッシ越しの参拝でした。ここでも願掛けが届かないようなのです。そこで、え？　これってヤバくない？　と真っ青になりました。7ヶ所をまわってご朱印をもらえば縁起物はできますが、願掛けはまた別の話です。

とりあえずご朱印の受付となっているところに行ってみました。本堂とつながっている右の建物の中です。

中には3人の家族連れがいました。私がそこにいた年配の女性にご朱印をお願いしていると、3人は奥へと入って行きました。あら？　奥に行けるん？　と奥の様子をうかがい、私も行きたいな〜、と見ていると、ご朱印を渡されました。

そこに2人連れの夫婦がやって来ました。夫婦は来てすぐにハッピー券を見せ、お金を払います。すると、年配の女性に奥を案内され、そちらに行きました。

そこで、年配の女性が私に言います。

「あなた、ハッピー券、持ってないの？」

「持ってないです」

「じゃあ、あなたは一番端のお堂に行ってね。外からしかお参りできないけどね」

えっ！

でもまあ、仕方ないか〜、と思いました。ハッピー券は納得のうえで買わなかったのです。

いや、正確に言うと、ハッピー券はもらうもので、買うものではありません。もらったハッピー券を持ってまわり、各寺院で300円ずつ払うのです。

私は、最初に全寺院の祈禱料（2100円）を支払って買うのだと勘違いしていました。この時もまだ勘違いをしたままでした。すでに3ヶ所の参拝を終えているので、ここで全額を支払うのはちょっともったいないかも？　とは思いましたが、買ったほうがいいに決まっています。

そこで、ここで買います！　と言おうとしたのですが、なんだか気おくれしてしまい……言い出せませんでした。変なところで気弱なのです。

すごすごと建物を出ようとしたら、空海さんの声が聞こえました。

「ちゃんと言え！」

奥まで行けと言われているのです。外からは願いが届かないことを確認しているので、空海さんの言うことは正論です。ここであきらめたら、そもそも結願できません。ここが空海さんの声が聞こえる真言宗のお寺でよかったです。

「あの〜、すみません。私、ここでハッピー券を買います」

と言うと、年配の女性は気の毒そうな表情で、

「あなた、もうかなりまわってるわよね？」

と言います。

「はい。けっこうまわりました」

「ん〜。じゃあ、300円払ってくれたらいいわ。祈禱してあげる」

親切にそう言ってもらえました。たぶんですが、ハッピー券なしだったら、300円での祈禱はしていないのだと思います。感謝の気持ちを述べて、お礼を言い、300円を払

って、奥へと行きました。

皆様、ハッピー券は最初のお寺でもらっておいたほうがいいです。もしも時間が足りないかも？　となったら、そこから先は福笹をあきらめて祈禱をパスすればいいので、ハッピー券はもらうことをおすすめします。

ここに来るまで祈禱は必要ありませんでした。じかにお願いできたからです。でも、祈禱をしてもらえれば仏様と深くつながれるし、心ゆくまでゆっくりお願いもできます。このお寺は外から声を届かせるのが難しいので、中に入れる祈禱は必須でした。


本堂を横切って奥へ行くと、外から見た時は感じませんでしたが、中は歴史のある古いお堂となっていました。先ほどの年配の女性がやって来て、いろいろと説明してくれます。観音堂は由緒あるお堂で、本堂よりも歴史があるそうです。その由緒や仏様について、そして福禄寿についても詳しく説明をしてくれました。

そしてこのお堂に安置されている仏様の、道のつながりがすごいのです。濃くて太かったです。福禄寿もちゃんと道がつながっていました。

よかった！　ここでお願いができる！　ということで、しっかりと願掛けをしました。

すると、ここでも福禄寿さんが出てきてくれたのです。経巻を結んだ杖を右手に持ち、左手で私の頭をよしよしと撫でてくれました。

ちなみに、福禄寿と寿老人が持っている杖は同じだそうです。その杖を右手に持ち、杖からパワーがビビと出るのを左手に蓄えて、その手で頭を撫でてくれます。

年配の女性は僧侶でもあるそうで、祈禱もしてくれました。

智禅寺《ちぜんじ》**（弁財天）**〈兵庫県淡路市草香〉

【（縁起）　本尊は大日如来像を安置し、仏法有縁の修行道場として開かれた霊跡は、脇侍に祭祀する地蔵菩薩像とその御厨子には、太古の歴史が偲ばれます。所蔵されている寺宝の大般若経には、観応2年（1351）の銘があり、又、本堂背後の丘陵に、風雪に耐えた法篋印塔がわびしく佇み、寺院の歴史が秘められています。】

（淡路島観光協会公式サイトより）

ご本尊は大日如来です。

非常に太っ腹なお寺です。その大らかさ、度量の広さを心からありがたく思いました。

竜宮城を思わせる門をくぐると、観音堂がありました。扉が開いているので、観音さんをじかに拝めます。

弁財天と書かれた赤いのぼりが左右に数本並んでいる石段を上がって本堂へと行きます。

本堂も扉が開放されていて「自由にお参り下さい」と書かれていました。

ここの本堂は広くて、仏様もたくさん安置されており、仏教の世界に馴染める空間でした。真ん中のエリアには大日如来、右側が観音さん、左側が弁財天のスペースになっています。

ふと見ると、そこにあった案内に、なんと、なんと！　写真を撮ってもいいですよ～、と書かれているのです！

え？　いいの!?　とビックリ仰天です。本堂に上がってもいいですよ、だけでもありがたいのに、写真撮影もオーケーなのです。なんて太っ腹なお寺！　ありがとうございます！　と仏様にお礼を言って、写真を撮らせてもらいました。

さらに、内陣にも自由に入っていいですよ～、とまで書かれており、ここまで親切なお寺があるなんて！　と大感動しました。参拝者思いのお寺なのです。

内陣に入らせてもらえると、仏像を至近距離で見ることができます。仏様の波動をじかに感じ、仏様の慈悲や優しさを肌で感じることもできます。信仰が深まります。

私はここで知ったのですが、このお寺にはタレントのマツコ・デラックスさんに似ている弁天さんがいるということで、有名だそうです。

弁財天エリアにある大きな厨子に3体の弁財天像が収められており、そのうちの1体だと書かれていたので、近くに行って見せてもらいました。

たしかに似ていました！　まじまじと仏像を見ていると、ほのぼのとした気持ちになりました。ほんわかとした心地よい癒やしがもらえる仏様です。厳《おごそ》かな宗教の場ですが、こういうイベント感があると妙に嬉しかったりします。素敵な弁天さんでした。

厨子には他に2体の弁天さんも祀られていますから、私はここでお願いをしました。

本堂には他に誰もいませんし、遠慮なく必死でお願いをしていると、弁天さんが出てこられました。

淡路島の七福神はどうやら、全員こうして出てきて下さるようです。

弁天さんは琵琶をかき鳴らし、その音楽で私を撫でてくれました。

これには、思わず「ほぉぉーーー！」と感嘆の声が出ました。こういうごりやくの与え

淡路島七福神めぐりで集めた七福神人形

方があるのです。

ちなみに出てきてくれたのは一番上の小さな仏像からです。太い道がつながっていました。

お地蔵さんやお不動さんなど、他の仏様にも手を合わせてご挨拶をしました。本当にありがたいお寺でした。ゆっくり自分のペースで参拝ができるし、仏像のお顔も心ゆくまで拝ませてもらえます。

授与品に、入浴剤やお財布があったので、いろいろと購入しました。

宝生寺《ほうしょうじ》（寿老人）〈兵庫県淡路市里〉

【（縁起） 天平13年（740）、聖武天皇の勅命をうけ、僧行基が淡路島に建立を祈念し、自ら刻まれた地蔵菩薩を安置したのが創まりで、「日限地蔵尊」と崇められ、霊験あらたかな尊像として多くの人々に親しまれて来ま

した。】（淡路島観光協会公式サイトより）

ご本尊は地蔵菩薩です。

のどかな地域にあるお寺です。寿老人と書かれた赤いのぼりが立てられている石段を上って境内に入ります。

比較的新しい本堂でした。中に入ると、正面にご本尊が祀られているようでしたが、御簾が下ろされていたので秘仏なのでしょう。その右側が寿老人エリアでした。

寿老人が祀られていると思われるところにも御簾が下りていたので、直接は拝めないようになっています。けれど、お前立ちが何体か置かれているので、お願いはできます。お前立ちであるにもかかわらず、道がつながっているからです。それも太い道でした。お前立ちなのに、ここまでつながっているのは淡路島七福神だからかもしれません。

願掛けをすると、寿老人がしゅっと出てきました。初めてお姿を見たかも？　という仏様です。

持っている杖をくるくるとまわし（立てて持ち、てっぺんだけで円を描くようなまわし方です）、まわしたあとで、杖のてっぺんを私の頭にチョンチョンとくっつけてくれました。

へぇぇぇー！　こういうごりやくの与え方なんだ〜！　と勉強になりました。寿老人像はシンボルというのが多いのですが、ここの寿老人は道がつながっていて強かったです。

八浄寺《はちじょうじ》（大黒天）〈兵庫県淡路市佐野〉

【（縁起）　應永年間（１３９８〜）心了法師阿弥陀如来造立に創まり、延宝年間に盛脩上人、円融山浄満寺を中興されて後、八幡神社別当寺の平松山八幡寺と合併して、八浄寺と改称されました。秘佛開運大黒天は、不動明王の霊示により示現なし、霊威広大にして、多大の奇瑞をあらわし、身・心の裕福を授けるみ寺として賑っています。殊に七福神霊場の総本山として我国唯一の瑜祇七福之塔が聳え、宇宙の霊妙なるパワーが体感でききます。（ご開扉大祭は、1月・5月・11月の各26日）】（原文ママ）

（淡路島観光協会公式サイトより）

ご本尊は阿弥陀如来です。

赤い瑜祇《ゆぎ》七福宝塔が美しいお寺です。

本堂に入ると、正面はご本尊にお参りするスペースで、左に大黒天エリアがありました。大きな大黒天像が安置されています。開運大黒天は秘仏ということで、この大きな大黒さんにお願いをしました。

驚くことに、ここも大黒天像に道がつながっていました。淡路島の七福神めぐりはシステムがしっかりしているのです。うまく言えませんが、ひとつの祈願方法として成立しています。すべての寺院が空海さんの真言宗だからかもしれません。

ここで結願でしたから、一心不乱に祈願をしていると、大黒さんが出てきました。そして、持っている袋から小判を出します。この小判は金運とか、お金を表しているのではなく、大黒さんのパワーを示しています。パワーが目に見える形になっているのです。

大黒さんは小判を袋からザラザラザラ〜ッとたくさん出して、私にふりかけてくれました。うわ〜！　なんて縁起のよい光景！　と、思わず口走ってしまった、ごりやくの与え方です。キラキラした黄金の小判をふりかけてもらえるのですから、いかに縁起がいいか、おわかりになると思います。

神仏が見えなくても、このようにしてごりやくを与えてくれるのだとイメージすると、感じるものがあるはずです。ですので、ごりやくの与え方は知っておいたほうがいいです。

淡路島ではすべての七福神がこうしてごりやくを授けてくれるので、これから行く人は心の中でイメージをして、しっかり受け取ることをおすすめします。

第9章
七福神めぐりを終了した理由

願掛けが叶う七福神めぐり

ここまで読んで、第7章と第8章には「参拝後の気づき」がなかったんですけど？　と首を傾げている人がいるかもしれません。その2章の気づきは複雑に入り組んでいるため、この章で解説します。

ここでちょっと整理をします。

七福神めぐりは全部で7ヶ所行きました。

・新宿山ノ手七福神めぐり
・青梅七福神めぐり
・浅草名所七福神めぐり
・武州川口七福神めぐり
・ぎふ七福神めぐり
・KOBE（神戸）七福神めぐり
・淡路島七福神めぐり

この他にも、奥州仙臺《せんだい》七福神めぐり（宮城県）、善光寺七福神めぐり（長野県）、なにわ七幸めぐり（大阪府）、二葉山山麓七福神めぐり（広島県）、周南七福神めぐり（山口県）、豊前《ぶぜん》の国開運七福神めぐり（福岡県）、宇佐七福神めぐり（大分県）など、多くの七福神をめぐる予定でした。

実際に計画を立てていて、飛行機やホテルも予約しており、あとは行くだけでした。

話は変わって、最初の「新宿山ノ手七福神めぐり」は、まだ何もわからなかったので、ただまわるのみでした。七福神を訪ねてみる、スタンプラリーのような感覚での七福神めぐりです。

この時に知ったのは、実際に7ヶ所をまわってご朱印をもらうと、その色紙はお手製の縁起物となる、ということでした。

縁起物は見た目がおめでたいだけでなく、実際に「よい運」や「福」を呼び込んでくれます。ひとつだけなら大きな効果はないのですが、いくつか集めると、徐々に運気が上向いていきます。人生が明るくひらけていくのです。思いがけない幸運が飛び込んできたり、願っていたことがサクッと叶ったりもします。

しかし、縁起物はどこにでも売られているわけではありません。探してもなかなか見つからないのです。

ですから、自分で縁起物を作れる、というのは貴重な発見でした。

「青梅七福神めぐり」は2回目の七福神めぐりです。14寺社をめぐって、すべての七福神像に道がつながっているわけではないことがわかりました。どちらかというと、つながっていない像のほうが多いのです。像は七福神としてのシンボルと言いますか、象徴と言いますか、そのような存在であるものがほとんどです。

七福神像に道がつながっていなくても、そのお寺のご本尊や神社のご祭神は、そこが七福神めぐりのひとつになっていることを知っています。

もしもご本尊が薬師如来さんや観音さんだったら、ご自身は七福神ではありません。けれど、よい運気をいただきたいと「七福神めぐり」としてお寺に参拝する人もいるわけです。ご本尊はその信仰心を無視したりしません。

そこで、七福神の代わりに参拝者に縁起のよい「気」を与えています。

神社のご祭神もそうです。ご自身は七福神とは関係ありませんが、参拝者を思って代理でよい「気」を与えたり、ごりやくを授けたりしているのです。そのことが2回目の七福神めぐりでハッキリとわかりました。

「浅草名所七福神めぐり」では、初めて〝七福神〟に願掛けをしてみました。「コロナの後遺症が消えますように」というお願いでした。

第4章で述べたように、参拝の4ヶ月ほど前にコロナにかかった私には、しつこい後遺症が残っていました。両足のふくらはぎがパキーンと張る、こわばる、という症状でした。そんなに深刻な状態ではなかったので、病院には行っていません。

とはいえ、4ヶ月も治らずに症状が続いていたので、まさか、このまま一生続くのでは？　と不安になっていたところでした。

それが、七福神めぐりで願掛けをしたその日の夜に、ほぼ消えたというくらい軽くなりました。翌日からは後遺症のことを忘れていたくらいです。全然張りを感じませんでした。入浴後にふと「まだかすか〜に残ってる？」と思いましたが、神経を集中しなければわからない程度のものでした。

4日目に後遺症は完全に消えました。完治に1週間もかからなかったのです。その後も症状は出ていません。

七福神めぐりで願掛けをすると叶う、ということがわかった参拝でした。

「武州川口七福神めぐり」では、自分で作る縁起物（七福神めぐりのご朱印色紙）を最高のものにしてもらうことにしました。最高に運を呼び寄せる縁起物を自宅の縁起物棚に置けば、つられて周囲の縁起物もさらに輝くだろうと思ったのです。そうなると、ますます運を呼び込んでくれそうだと考えました。

この願掛けも叶いました。

七福神の寺院をまわっている間はただの紙だったのに、結願した瞬間に強烈に運気を呼び込むパワーを持った色紙になったのです。うわぁ、キラキラしてるやん！　と思いつつ持って帰りました。

現在も、我が家の縁起物棚でふわ〜っとした、濃厚な縁起物オーラを放っています。

ここで、願掛けは適当にするものではなく、しっかり考えてしたほうがいい、そうしないともったいない、と気づきました。

次の「ぎふ七福神めぐり」では、夢を叶えるサポートを具体的にお願いしました。

私には実現させたい夢があります。その夢の実現をサポートしてほしいという、ある意味、私にとって特別に大きなお願いごとをしたのです。人生が変わるほどのお願いです。

この願掛けの結果は数年後でなければわかりません。でも、結願直後に叶えてもらえそうだと感じ、希望を持っています。

「KOBE（神戸）七福神めぐり」には楠木正成さんのいる湊川神社が入っています。以前に参拝したことがある須磨寺もあるので、ここでも大きな願掛けをしようと思いました。苦労して距離がある7ヶ所をまわるのですから、簡単な、どうでもいいようなお願いはもったいないです。

そこで考えたのが、「巨大な開運」です。

ぎふ七福神では夢の実現化に必要な、具体的なことをお願いしました。

叶ったその夢がさらに大きく花開くように、大成功するように、ここでは巨大な開運をもらえるよう祈願しました。ドッカーンとすべての面で運が急上昇するような大きな開運、ツキまくりと言い換えられるようなド派手な開運です。

これも結果がわかるのは数年後です。けれど、この願掛けも結願後に、叶えてもらえそうだと思いました。

ここまででも、かなり大きなごりやくがもらえる願掛けをしています。そして「淡路島七福神めぐり」では、「死ぬ直前までの健康」を祈願しました。寝たきりになったり、介護職の人のお世話になったりなど、私はそのような老後は避けたい、死ぬ直前まで元気でいたいと思っているので、このお願いにしたのです。淡路島の七福神はすべて出てきてくれて、じかに恩恵を与えてくれました。この願掛けも叶うだろうと思っています。

七福神めぐりの不思議な法則

さて、ここで、七福神めぐりに関してもっとも重要だと思われることをお伝えします。最初に「あれ？」と思ったのは、ぎふ七福神を参拝し終えて、ホテルにチェックインした時でした。

なんだか熱っぽくて体の節々が痛むのです。風邪をひいたのかな？　と思いました。

けれど、この日は七福神めぐりをしています。縁起物となる色紙を手に入れ、７ヶ所で仏様にご挨拶をして恩恵をたくさんもらいました。それなのに風邪をひく、なんて不運なことがあるはずがありません。たぶん大丈夫だろうと思いました。

しかし、予想に反して熱は徐々に上がっていき、翌朝には高熱になっていました。寒気が半端なく、節々の痛みもひどいのです。

この日は名古屋の七福神をめぐる予定でした。熱の高さからいって到底無理、ということで、急遽《きゅうきょ》予定を変更し、新幹線に飛び乗って帰宅しました。

帰宅直後は39・２度の高熱で、すぐに近所の病院に駆け込みました。検査の結果、インフルエンザでもコロナでもなく、熱の原因は風邪でした。その後、39・４度まで熱は上がりましたが、３日ほどで回復しました。

この時は、この発熱が七福神めぐりと関係があるとは夢にも思いませんでした。

次に「ん？」と引っかかったのが、ＫＯＢＥ（神戸）七福神めぐりをした翌日です。

起床すると、なんと、めまいがしていました。私は20代のなかばでメニエール病を発症し、40代後半までしんどい思いをしました。この病気は実際に見ている視界が、グルグルと回転する病気です（この病気になった理由は後年判明しました）。

グルグルとまわるのですから、症状が出ると吐き気が強く、動くことができません。トイレに行くだけで目がまわりすぎて吐くこともありました。

50代になると、ひどい症状は出なくなりました。グルグルまわるのではなく、ふわんふわんとした、船酔い状態のめまいですむようになったのです。それも徐々に出なくなっていき、50代後半には完治しました。

ただ、極度な睡眠不足が続いて、それに加えて疲れもピークに達すると、たまにふわ～っとした状態になることはありますが、それもまれです。そのようになっても、めまいというほどではありません。

ところが、ＫＯＢＥ（神戸）七福神の参拝を終えた翌日に、ややめまいがしたのです。グルグルというほどではなかったのですが、「やば！　ちょっとまわってる！」というものでした。

ありがたい7寺社をまわった翌日です。ありえない、と思いました。

が、しかし、ぎふ七福神めぐり後の高熱の件もあります。そこで、これは……もしかしたら、何か関連があるのでは……と考えました。

動けないほどグルグルまわっているのではないし、ふわふわとした乗り物酔い程度だったので、頑張って淡路島七福神めぐりに出かけました。

第8章の護国寺のところに書いているように、お寺に着くと同時に、なぜかめまいは軽くなり、ス～ッとよくなりました。お寺を出る頃にはすっかり消えていたのです。

ですので、めまいが七福神めぐりと関係があるのかどうかは気にしなくなったのですが……なんと、このあとに軽い事故を起こしました。あ、いや、言葉がちょっと過激すぎますね。レンタカーを駐車場の金属ポールにガツンとぶつけたのです。

参拝を終え駐車場から出たところで、前方から大型トラックがやって来ました。そこは細～～～い道でしたから、すれ違うことができません。相手は大型トラックですし、バックをするのは小型車の私だよな～、と思ったので、バックでふたたび駐車場に入れることにしました。

私はバックをする時は必ず目視です。カメラを見ながらバックすることができないのです（感覚がわからないためです）。助手席に手を置いて、後方を見ると、なんの障害物もありませんでした。

そこで、バックで車を入れたら……金属のポールに当たったのです。え？　と一瞬、何が起こったのか理解ができませんでした。目視をした時にポールは絶対になかったからです。どうして見えなかったのか……いまだに謎ですが、とにかく見えていませんでした。

幸い、車に傷はまったくついていないし、何かあっても支払いはしなくていいという保険に入っていたので、懐《ふところ》が痛むことはありませんでしたが……軽くショックでした。


そこで考えました。なぜ、縁起のいい七福神めぐりなのに、参拝した当日、もしくは翌日に不運と思えることが起きるのか……。

ぎふ七福神では高熱が出ました。それで翌日の取材を中止して帰宅しました。

ＫＯＢＥ（神戸）七福神めぐりではめまいと軽い事故です。

そこでこれまでの七福神めぐりでは何もなかったのか、思い出したところ、浅草名所七福神めぐりでもあったのです。

浅草名所七福神めぐりでは参拝した当日、帰宅すると冷蔵庫から異音がしていました。ガガガガ、というような、明らかにヤバいという音でした。異音は消えることなく続き、さすがに怖くなりました。漏電するかもしれないからです。

その時は、もしかしたら、我が家に時々来てくれる五芒星お稲荷さんが警告しているのかもしれない、と考えました。冷蔵庫をこのまま使用しているとヤバいぞ、という警告です。それで買い換えることにしました。

冷蔵庫は購入して9年目でした。その間、何回か引っ越しもしています。寿命なのかもしれません。しかし、元夫や家電量販店の店員さんは、9年で壊れるのはちょっと早い、と言います。そう言われても恐ろしい異音がするので仕方ありません。

結局、家電量販店で新しく冷蔵庫を購入し、配送の日程も決まり、ホッとして帰宅すると……なんと！　異音が消えていたのです！

は？　と目が点になりました。冷蔵庫は静かです。一時的なものかもしれないと思いましたが、二度と異音はしませんでした。

まあ、でもいずれ〝必ず〟買い換えるものですから、その時期がちょっと早くなったと思えばいいだけで、その時はそれ以上考えることはありませんでした。振り返ってみれば、その冷蔵庫の買い換え騒動も七福神めぐりをした日に始まったのです。

もしかしたら、七福神めぐりってこういう不運な出来事つき？　と思いましたが、祈願をしていない七福神めぐりでは不運はありませんでした。ということは……祈願が叶う場合、不運もオマケでついてくるのかもしれません。

いや、待て、特別な縁起物にして下さい、というお願いは、叶ったけれど不運はなかった……とあれこれ考えると、何がなんだかわからなくなりました。

七福神めぐりの帰り道での不運

淡路島七福神めぐりをした日は飛行機で東京に戻るため、7ヶ所の参拝を終えた私は淡路島から伊丹空港に向かいました。高速道路を軽快に走り、瀬戸大橋を渡ります。そこから神戸市を抜けて空港まで行くのですから、けっこう時間がかかります。

神戸の道路はたまに混んでいたりするので、ちょっと急ぐことにしました。

時間ギリギリで空港に到着、というパターンは避けたいです。返却前にガソリンを入れないといけないので、気持ちがだんだん焦りモードになりました。スピードを上げて急ごう！　と追越車線を走ります。

走っていて、ふとルームミラーを見て、心臓が止まりそうになりました。

真後ろに覆面パトカーが赤色灯を屋根に載せ、くるくるまわしていたからです。ええっ！　いつからいたん？　さっきミラーを見た時はいなかったよね！　と叫びつつ、走行車線に移動すると、覆面パトカーが私の車と並走します。

そして、大きな音量で何かを言うのがスピーカーから聞こえ、「ついて来て下さい」と言われました。

高速道路入口からの道が本線と交わるところ（インターチェンジからの入口車線先端）で、覆面パトカーが停車したので、私もすぐ後ろに停車しました。

そんなにスピードを出していたかな～、というのが正直なところでした。10キロオーバーくらい？　の感覚でした。

車から降りてパトカーに乗るように言われ、そこで何キロ出ていたのかを警察官と確認します。

「はぁ」

「90キロ出ていました」

「ここはね～、制限速度60キロなんですよ」

「えっ！　高速道路なのに！」

っていうか、どこから60キロになってたんっ！　と、口から出そうになりましたが、かろうじて飲み込みました。というのは、あなたは運転中に標識を見ていないのですか、と言われそうだったからです。

「30キロオーバーですね」

「はい～」

「3点減点です」

「はい～」

ここは考えようによっては、40キロオーバーで一発免停、となるよりマシです。助かった、と思いました。

「違反金は2万5千円です」

「！」

く～、痛い、2万5千円は痛い～、と思いましたが、スピードを出していた自分が悪いので仕方ありません。

この一件も淡路島の七福神めぐりをした当日だったのです。

祈願成就には代償が必要？

つまり、まとめるとこういうことです。

・コロナ後遺症の完治→冷蔵庫の少し早い買い換え
・夢を実現化させるサポート→高熱
・特大の開運→めまい、軽い事故
・死ぬ直前まで健康→スピード違反の減点、罰金

こうしてみると、七福神めぐり後に起こったことは大きな不運・不幸ではありません。ちょっとしたミニ不運、という感じです。これは叶えるための代償？　という考えが浮かびました。

不思議なことに、「最高の縁起物にして下さい」というお願いには、ミニ不運はついていません。お願いは叶わなかったわけではなく、キラキラの縁起物になっていたので、願掛けは叶えられているのです。しかし、このお願いはなんの代償も求められなかったのです。

たった2万5千円で、一生健康でいられるんなら安いやん！　というのは、元夫のセリフです。たしかにそうです。寝たきりになったり、病気を繰り返したりして苦しい思いをすることを考えれば、なんてお安い代償！　です。ありがとうございます！　とお礼を言

うレベルです。

2～3年後に買い換える冷蔵庫をちょっと早く買い換えることで、コロナ後遺症を消してくれた、というのもありがたいことです。

ぎふ七福神をめぐる前に、「夢の実現をサポートしてやるが、高熱が出るというミニ不運つきだが？」と言われても「ぜひお願いします！」と答えていたと思います。

願掛けが叶うことは本当にありがたいことだからです。ですから、なんらかのミニ不運が起こるくらいは問題ないと言えばそうなのかもしれません。

私の体験でおわかりのように、大きな願掛けをしても、代償（代償と決まったわけではありませんが）は大きなものではありません。ケガをするような事故、買ったばかりの家電が壊れて大金を払うみたいな、本格的な不運ではないのです。

逆に考えると、これくらいのミニ不運で叶えてくれるのなら、ぜひお願いします！　という程度の代償です。

もしかしたら、七福神めぐりはこのように代償を払って、願掛け成就をゲットするシステムになっているのかもしれません。

しかし、取材はここで終わりにしようと思いました。というのは、お願いをすれば叶えてもらえるのかもしれませんが、ミニ不運つきなのです。私には代償を払ってまで叶えてほしいお願いはもうありません。

ですから、お願いをするとなると、取材のために、無理やり何かを願うことになります。本心からの祈願ではないのに、代償を求められるわけです。本気のお願いなら納得できますが、取材のためのお願いでミニ不運をもらうのは遠慮したいです。

では、お願いをしない七福神めぐりはどうかと言うと、これはお手製の縁起物作りですから、どの地域の七福神めぐりも同じです。

よって取材のための七福神めぐりはここで終了することにしました。奇《く》しくも7つの七福神めぐりで終わったのも、何か意味があるのかもしれません。

しかし、謎は残っています。

ミニ不運は代償なのか？　どうして代償を求められるのか？

どこのお寺だったのか覚えていないのですが、空海さんに「歪《ゆが》みに気をつけろ」とひとことだけ言われました。そのあとで質問をしたのですが、声はもう聞こえませんでした。

歪みってなんだろうな、と思いましたが、そのまま忘れていました。

謎を解くためには空海さんにお話を聞きに行くしかありません。しかし、高野山《こうやさん》に行く時間がどうしてもすぐには取れないのです。


悩んだ結果、本の後半は天海さんのことを書こうと考えました。

少し前に埼玉県川越市にある喜多院《きたいん》で二度お会いして、興味深いお話を聞いていたのです。それを読者の皆様にシェアしたいと思っていました。そして天海さんなら、もしかしたら、七福神のことも知っているかもしれません。

取材に行くのも、日光や川越市ですから、東京から車で行けます。

そのことを出版社の担当者さんに伝えたところ……ネットで調べたら、七福神めぐりは天海さんが広めたという伝承がありましたよ～、という返事がきました。

えええーっ！　と大絶叫です。これには心底、驚きました。

七福神めぐりを広めたのが天海さんだったら、詳細は天海さんに聞くべきです。

見えない世界は不思議ですね。こんなふうにつながっていくのか～、と神仏のおみちびきのすごさにあらためて敬服しました。

第10章

天海僧正

天海さんとはどんな人物？

七福神信仰を広めたのは天海さんだという説があります。

まずは、その天海さんとはどのような人物なのかということで、天海さんについて簡潔でわかりやすい『日本大百科全書（ニッポニカ）』から引用します（読みやすいように改行しています）。


【天海　てんかい　（1536－1643）

江戸前期の天台宗の僧。慈眼《じげん》大師と号する。

陸奥《むつ》国（福島県）会津高田（会津美里《あいづみさと》町）に生まれる。姓は蘆名《あしな》氏。生年には各説があるが、辻善之助《つじぜんのすけ》は『日本仏教史』で、日光東照宮薬師堂法華《ほっけ》万部供養の記録（『孝亮宿禰日次記』）の、1632年（寛永9）97歳説をよりどころとしており、1536年（天文5）説が有力。

天海は会津高田稲荷堂別当《いなりどうべっとう》の舜海《しゅんかい》に師事し、のち関東から比叡山《ひえいざん》へ遊学して天台宗の教義を修めた。

のち故郷の稲荷堂別当となり、1577年（天正5）上野《こうずけ》国（群馬県）世良田《せらだ》長楽寺において春豪《しゅんごう》から天台密教葉上《ようじょう》流を受け、１５８２年武蔵《むさし》（埼玉県）川越《かわごえ》喜多院《きたいん》に入寺。

１６０４年（慶長９）下野《しもつけ》国（栃木県）宗光寺に移る。

１６０７年比叡山東塔南光坊住持となり、天台密教法曼《ほうまん》流を伝え、宮中講師、広学竪《りゅう》義《ぎ》探題《たんだい》などを歴任。

１６１２年ごろ徳川家康《とくがわいえやす》と交わりをもち、駿府《すんぷ》（静岡市）に随従して、論議・法要などを営んだ。大坂夏の陣で勝った家康に天台の法門を伝え、山王一実神道《さんのういちじつしんとう》を伝え、それによって家康没後、東照大権現《だいごんげん》の神号を呈し、日光山に奉安したといわれる。

２代将軍徳川秀忠《ひでただ》を庇護《ひご》し、１６２２年（元和８）江戸府内上野の地を寄せられ、ここに寛永寺を創した。３代家光《いえみつ》もまた天海に帰依《きえ》したという。

天海は弟子公海（１６０７―１６９５）と天海版一切経《いっさいきょう》を開板したり、兵火で散逸していた天台宗の典籍を収集整理し天海蔵を組織した。そのほか、もっぱら徳川家のために講経祈禱《きとう》を重ね、また、黒衣宰相と称せられるような政務への影響力もあった。

寛永《かんえい》20年10月2日寂。１０８歳であった。】

徳川将軍三代に仕えたという僧侶です。

私は天海さんを詳しく知る前に、この方が行なった偉業を先に知りました。『東京でひっそりスピリチュアル』という本に書いているのですが、皇居には素戔嗚尊《すさのおのみこと》と呼ばれる、スサノオさんという神様がおられます。この神様にお話を聞こうと、皇居の東御苑《ひがしぎょえん》に入って、江戸城の秘密を知ったのです。

天才僧侶天海さん

東御苑は江戸城があった場所です。そこには天海さんが埋めた「天海パワー」がありました。このパワーは将軍に対して、民衆が、従う、尊敬する、信頼する、慕うなど、反乱や謀反《むほん》を起こさないように、将軍が国を平らかに治められるように働くものです。

どうしてそのことがわかったのかというと、スサノオさんが、

「お前の座っているそこが、天海が埋めた力を最大に受け取れる場所だ」

と教えてくれたからです。

パワーは本丸跡をぐるりと囲むようにして、点々と土の下にありました。パワーは埋められていたのです。たしかに、何十年も何百年もパワーを持続させるためには埋めるしかないだろうと思います。

パワーは形のないものですから、普通だったら水晶や仏像に込めて埋めるように思います。しかし、天海さんは水を利用していました。

家康公、秀忠公、家光公と、将軍が変わるたびに、天守は建て換えられています。この先も建物の増改築や建て換えがあるだろう、ということを天海さんは予想したのでしょう。となると、水晶や仏像、他の品物だと、建て換える時に見つかる可能性があるわけです。

東御苑は江戸城があった場所

水晶や仏像を利用してそれが地中から掘り出されたら、その品物に天海パワーが込められていることを知られてしまいます。そのような能力を持った人物がいないとも限らないからです。

万が一、天海パワーを奪われてしまったら、簡単に天下がひっくり返ります。下手《へた》をすれば徳川家は滅亡です。それを防ぐために、絶対に掘り出されない、盗まれない、見つからない、水を利用したのです。

特別な水に強大なパワーを込め、本丸を囲むようにして地面に撒いています。地中深く染み込ませているのです。よって未来永劫、誰にも掘り出されることはありませんし、盗まれる心配もありません。

さらに、見えない世界での、そのパワーの放出方法もすごいです。

江戸城のお濠は、江戸初期の拡張に伴って「の」の字を書くように掘られています。「の」の字にしたのは、敵に攻められにくい、火事の延焼を防げるなどの理由が考えられるとなっていますが、スサノオさんにお聞きしたところ、これは天海パワーを全国に広めるための図形であると教えてくれました。

天海パワーは、将軍が、見えない世界で地中から取り出して、それを自分色に染め（そのパワーが自分のためだけに働くようにして）、その後国中に放出します。全国に放出されなければ効果を発揮しないのです。江戸城でパワーを身にまとっているだけではダメなのですね。全国の人々にくまなく届けて初めて効果が現れます。

放出は1回やればいいというものではないため、何回かやっていたそうです。そうしないと効果は持続しない、というわけです。

その放出方法が「の」の字に……つまり渦巻として、勢いよく撒き散らす形だったのです。ぶわ〜っと日本中に放出することでパワーは隅々まで行き渡ります。

水に変換して埋めてあるパワーですから、「の」の字のお濠の水によって渦巻の形をつくり、それを利用して勢いをつけていたのです。渦巻ですから、じわじわとゆっくり広まるのではありません。スピードがあります。速やかに思いっきり日本中に広まる、という方法なのです。

この天海パワーで江戸幕府は約300年続きました。

天海さん、すごい！　と思いました。間違いなく大天才の僧侶なのです。

ちなみに、現在もパワーは生きています。けれど、それを手にする方法を誰も知りません。将軍だけが知っていたからです。しかし、どこかでそれがうまく伝わらなくなったみたいで、将軍が天海パワーを使わなくなったため、幕府が倒されたようです。

喜多院　〜お姿を見せてくれた天海さん〜

喜多院を最初に取材したのは、2015年でした。

この時は、境内にある「家光公誕生の間」や「春日局《かすがのつぼね》化粧の間」を見学し、そのまま通路を進んで本堂へと入りました。本堂では元三《がんざん》大師さんを間近で拝むことができ、感激しました。

その後、仙波《せんば》東照宮を拝観して、閉門時間まであと10分となったところで、あわてて駐車場に向かいました。駐車場も同じ時刻に閉鎖されるからです。

バタバタと戻っていると、左に天海さんが祀られている慈眼堂《じげんどう》がありました。石段を上ったところにお堂があるのですが、参拝している時間はありません。

そこで、通過する際にチラリと見上げたら、見えない世界の僧侶が石段の上に立っていました。赤い五条袈裟《けさ》をつけていて、何か言いたそうな表情だったのです。天海さんかな？　と思いましたが、多くの天海さん像は赤い法衣を着ています。仏様になると、きらびやかな服装はしないだろうと思うので、天海さんの可能性は高いな〜、と思いつつ、そのまま喜多院をあとにしました。

喜多院　〜多くのことを語ってくれた天海さん〜

次に参拝をしたのは、２０２３年です。

息子一家がよくない土地に引っ越しをしました。土地の悪影響のせいで、上の孫娘の体調が時々悪くなります。その話を聞くと、本当にかわいそうで、特別に強いお不動さんのおふだをどこかでもらってこなければ……と思いました。

たまたま関東をまわる取材があったので、「そうだ！　喜多院に行こう！」と思いつきました。以前参拝した時に、元三大師さんが「お不動さんが強い」ということをチラッと言っていたのを思い出したのです。仏様が「強い」と表現したお不動さんです。強烈な力を持っているに違いありません。

前回の取材は、元三大師さんに会いに行った、という感じでした。ですから、お不動さんの詳しいことはわからなかったのですが……あらためて行ってみて、その強さに本気で驚きました。

喜多院に到着し、すぐに祈禱の申し込みをしました。祈禱が行なわれるまで時間があったので、「慈眼堂」へと向かいます。前回、お姿をちょびっとだけ見せてくれた天海さんでしたが、この時は興味深いお話をあれこれと聞かせてくれました。

喜多院本堂である慈恵堂

慈眼堂で手を合わせ、ご挨拶をすると天海さんが出てきてくれました。やはり赤い五条袈裟をつけています。一般的な絵や像と違うので、まずそのことを質問しました。

「どうしてその袈裟をつけていらっしゃるのですか？」

天海さんは黙って私をじーっと見ています。

その雰囲気から、これはワシである印、ワシである証し、独自のものだ、みたいな感情が伝わってきます。さらに、お前の聞きたいことはそれか？　赤い袈裟を身につけている理由が聞きたいことなのか？　みたいな冷ややかな意思も伝わってくるのです。

この方は……意外と厳しいのかもしれない、と思った私は、次に世間で噂になっていることを質問しました。

「天海さんは、実は明智光秀さんであるという噂がありますが、本当でしょうか？」

「違う」

違うのか……だったらこの話はここで終わりだな。えーっと、次は何を聞こうかな、と考えていたら、天海さんが言いました。

「もしも、そうであったら話が広がるだろうな」

見ると、天海さんは笑顔です。その表情を見たら緊張が吹っ飛びました。

「ですよね！　もしもそうだったら、聞きたいことがいっぱいあったんですけど～」

「残念だったな」

ここで仙波東照宮へ行こうと思い、天海さんに、境内を一緒に歩いてもらえるのかというニュアンスで質問をしました。

「お寺の境内だったら、どこでもお話ができますか？」

意外にも「うむ」という答えが返ってきてビックリです。気さくなのです。

会話をしながら、てくてく歩いて東照宮のほうへ行くと、

「(ワシは)東照宮の中には入らない」

と言います。家康公のために作られたところだから、とのことです。仏様になった今も敬う気持ちが続いているようで、忠誠心の厚い方だったのだな、と思いました。

天海さんはシャキシャキとした印象で、やや早口と言いますか、江戸っ子ぽい話し方です。あら？　江戸出身だった？　と思い、そこを聞いてみました。

「江戸っ子ですか？」

「生まれは違う」

でも長い間、江戸に住んでいたから生まれた地方の方言はもう出ないそうです。

その場でスマホで調べたら、会津の生まれだと書かれていました。ご本人に確認をすると、あっさり「違う」と言っていました。けれど、そこから先は無言です。出身地は明かさない、みたいな雰囲気だったので、私もそれ以上は聞きませんでした。生前のことですから、歴史上言えないこともあるようです。

話題を変えて、江戸城に埋められた天海パワーについて聞きました。

天海さんが江戸城の敷地に埋めたパワー（江戸城にかけた術）に気づいた人間は、過去にもちらほらといたらしいです。しかし、水を利用したところまでわかったのはお前だけだ、と言われました。これはスサノオさんのおかげもあるのですが、褒められたことを嬉しく思いました。

「あの方法はご自分で考案したのですか？」

「そうだ」

霊能力を持った僧侶だろうとは思っていましたが、どうやら想像を超えた驚異的な霊能力だったようです。

「幼い頃からいろいろと見えていたのですか？」

「子どもの頃は、幽霊しか見えなかった」

そうそう、私もそうでした！　と思っていると、霊能力が発達していない時に、見えやすい、よく見るのは死んだ者だ、と言います。

天海さんも最初は、死んでさまよっている者しか見えなかったそうです。そのうち成仏《じょうぶつ》している者も見えるようになり、「死んだ人間」がすべて見えるようになりました。

その後、よくないもの（悪霊など）が見えるようになったそうです。

「それで、仏門に入った」

「へぇぇー！　そうだったのですね」

仏様を知りたい、仏教を学びたい、修行をしたいなどの理由ではなかったのです。死んだ者たちやよくないものが見え、見えない世界もいろいろな次元があるんだ！　と、自分の経験・感覚で知り、それで仏門に入ったのでした。

僧侶になって修行を重ねていると、ある日、パーッと光り輝く阿弥陀如来が見えたそうです。そこで天海さんは思いました。なぜ、この仏がここまで光り輝いているのだ、と。

その理由を知りたくて、そこから必死で修行に修行を重ね、猛勉強をしたそうです。僧侶としての経験を積むことで、霊能力が磨かれ、さらに高度になっていったみたいです。

「江戸城の渦（放出方法）も、天海さんがご自分で考えたのですか？」

「うむ」

「完全にオリジナルでアイデアが浮かんだのってすごいですね」

霊能力を持った人間が仏門に入り、過酷な修行をして、勉強も頑張り、長く僧侶をやっていると、見えてくるものがある、と天海さんは言います。

「何が見えてくるのでしょうか？」

この質問に返ってきた答えはこうです。

仏様がどのようにして衆生《しゅじょう》を救うのか、助けるのか、その〝方法〟が見えてくる。戦うタイプの仏様がどうやって相手を屈服させるのか、倒すのか、押さえ込むのか、封印するのかなど、その〝やり方〟も見えてくる。仏様は仏様のやり方で、それもいろいろな方法で民衆を救ったり、悪いものを倒したりしている、と教えてくれました。

天海さんはそれを見て、参考にし、江戸城の守りを考えたそうです。

「仏のやり方を踏襲した」

とのことです。

喜多院　~元三大師さんと天海さんのアドバイス~

祈禱の時間になったので、本堂へと行きました。

喜多院のお不動さんは強いです。パワーの授け方も独特です。ここは天海さんが住職だった時期があるので、その時にお不動さんのごりやくの与え方を調整したように思います（詳しいことは２０２３年11月16日のブログで紹介しています）。

話はそれますが、護摩祈禱でいただくおふだは、お不動さんのパワーだけでなく、護摩のパワー、火のパワーも入っています。

お不動さんに「守って下さい」「病気を治して下さい」と、自分でお願いしても祈願は届きます。聞いてもらえます。けれど、いろいろなパワーが入った強力なおふだは自分では作れません。

おふだを寺務所で買って、お賽銭箱の上に置き、「波動を入れて下さい」「波動を濃厚にして下さい」と言えば、仏様は濃い波動を入れてくれます。けれど、護摩のパワーは入りません。護摩の火に当てていないからです。

火のパワーも入りません。これは神仏しか入れることができないからです。買ってきたおふだを火に当てても、火のパワーが入ることはありません。

ですから、お不動さん、護摩、火、それらのパワーが入ったおふだがほしい時は、祈禱をお願いするしかないのです。

この日の祈禱後に、元三大師さんがお坊さん姿で横に来てくれました。病気について少し会話をしたのですが、最後に私にこう言いました。

「人間の寿命は短い」

生まれてから死ぬまで、本当にあっという間である、と言います。仏になって人間を見ているとしみじみとそう思う、と語っていました。人間の人生は短い、その短い時間しか持っていないのに、悩み続けたり、苦悩するのはもったいないぞ、と話は続きました。

仏様方は、なるべく苦悩を取り除いてやりたい、病気で苦しんでいるのなら病気を取り除いてやりたい、と思っています。

病気を取り除こうと仏様のほうは頑張っているけれど、本人が暗く悩んだり、落ち込んだりして、波動を低くしていることがあるそうです。そうなると、仏様も助けるのが大変になる、と言っていました。

人間は短い時間しか持っていないということを自覚したほうがいい、悩まないでよいことをいつまでもくよくよ考えるのはやめたほうがいい、大事な時間を無駄にするな、と説いていました。

ありがたいアドバイスを元三大師さんにいただいた私は、ふたたび慈眼堂へ行き、天海さんに質問をしました。

「徳川家と豊臣家の違いってなんでしょうか？」

この原稿を書きつつ、どうして唐突にこの質問をしたんだっけ？　と振り返って考えてみましたが、当時の状況をまったく思い出せません。これを読んでいる皆様も「なぜ、その質問をここで急に？」と思われるかもしれませんが、私自身が「？」なのでスルーして下さい。

「約300年続いた徳川家と、滅びた豊臣家の違いです。運でしょうか？」

「運という、不確かなものにすべてを委《ゆだ》ねてはいけない」

運は突然やって来たら、突然去ることもある、と言います。ですから、運が急上昇したり、棚ぼたでポロッと運がやって来て大きく幸運になったりしても、ポロッと去ったり、あっという間に逃げていくことがあったりもするわけです。

運気がぐーんと上がればぐーんと下がることもある、と知っておくべきだと言います。

不確かなものですから、委ねっぱなしではいけない……つまり、運が来たらそれをガッチリつかんで放さないようにするべきで、その努力をしなければいけない、と言っていました。

「え？　それって人間ができることですか？」

「できる」

たとえば、天海さんが江戸城にかけた術みたいにすれば、よい運気を持ち続けることができるわけです。長持ちするようにできます。

「手段を考えなければいかん」

「あの～？　天海さん。運気をずっと保持する方法って……もちろん、教えてもらえないですよね？」

「自分でつかめ」

やっぱりそこは教えてもらえないのか～、と思いました。しかし、自分でつかめと言われても、その方法をゲットするまでに時間がかかりそうです。つい先ほど、元三大師さんが「人生は短い、悩んでいる時間はない」というお話をしてくれたところだったのです。

　そのことを言うと、

「だから、くだらないことで悩むのをやめ、運を手放さない方法は何か、ということを考えればいいではないか」

　と諭されました。たしかにそうです。

「あの人、嫌いやわ〜」「こんなことをするなんて、なんて意地悪なん！　まじムカつくー」「私と仲良くしていながら、別の人とも仲良くしてるってなんなん？」などと悩むよりも、「よい運が来たらどうやってつかもう？」「つかんだら放さないようにするにはどうすればいいのか」など、前向きで、自分が豊かになることを考えろ、と天海さんはアドバイスしているわけです。

　運をつかむ、放さない方法は自分で見つけるものである、教えてもらうものではない、と重ねて言っていました。

　天海さんは人間だった時にすでに多くのことを知っていました。見えない世界の奥深くまで広範囲にわたる知識があったのです。それは厳しい修行を重ね、必死で勉強をしたからです。それで手に入れたものです。

それを……修行も勉強も足りないというか、してもいない私が「教えて下さい」と言うのはありえません。失礼な話なのです。

というわけで、この日の参拝はここで終わりました。初めて会った天海さんでしたが、親切でしたし、優しかったです。またお会いしたいな、と思いました。

喜多院　～天海さんの長寿の秘密～

それからほどなくして、ふたたび喜多院を参拝する機会が訪れました。

友人と箱根関所に行った時に、関所破りをして処刑されたお玉ちゃんを知りました。成り行きでお玉ちゃんの話を聞くことになり、そこで幽霊に乗っかられたのです。この件については、２０２３年の11月に「お玉ちゃんシリーズ」として、ブログに6話続けて書いています。詳細はそちらでご確認下さい。

体調が悪くなった私は、お不動さんに助けてもらおうと喜多院に行きました。

到着してすぐに祈禱の申し込みをしましたが、祈禱時間まで少し待たなければいけなかったので、天海さんに会いに行きました。

天海さんはお玉ヶ池での体験を聞いている途中で、

「たくさんつけておるなぁ」

と言います。

「え？　つけています？」

「うむ」

「えーっ！」

この時、自分では霊を乗せているとは思っていませんでした。体調不良は土地の悪影響だと思っていたのです。

「17体、乗せておる」

「ええええーっ！」

「池を離れる時に重たいと感じなかったのか？」

たしかに重たくて、肩や背中が痛かったです。でも、吐き気や頭痛のほうがつらかったので、そっちに気を取られていました。どうして17体もの霊をつけていたのか、天海さんがわかりやすく説明をしてくれました。

「ここで落としてもよいが、不動明王に力強く祓ってもらったほうがいいだろう」

とのことで、本堂へ行って護摩祈禱で祓ってもらいました。

スッキリ爽やかになったところで、もう一度慈眼堂へ行きました。

天海さんは108歳まで生きたと伝わっています。108歳ではなかったとしても、100歳は超えていただろうと思われます。江戸時代初期ですから、当時としては驚くほどの長寿です。

そこで、年齢について聞いてみました。

「長生きの秘訣ってあるのでしょうか？」

暴飲暴食をしないとか、適度な運動をするとか、楽しみを持つとか、そのような一般的な答えが返ってくるのだろうと思ったのですが、天海さんが言った言葉は予想外のものでした。

「仏に寿命（時間）をもらった」

は？　と頭の中がハテナマークになり、思ったことをそのまま質問しました。

「仏様に？　寿命（時間）をもらえる？　んですか？」

「うむ」

サラッとした軽やかな返事です。何が疑問なのだ？　という感じでした。

「えっ？　もらうって、どうやって？　ですか？」

「教えるとお前は本に書くだろう」

「はい、書きます。そんな重要なこと、私だけが知っている、誰にも教えない、というのはありえないです」

「では、教えられぬ」

天海さんが言うには、誰も彼も寿命をもらっていいわけではないそうです。

そりゃそうだろうな、とそこはわかります。でも、その言い方から察するに、もらう方法を実践すればみんながもらえるようです。

「仏様の永遠の寿命から、時間を分けてもらうのですか？」

「永遠ではないが……そうだ」

へぇぇぇぇー！　と、ビックリしました。仏様にも寿命というか、終わりがあるというのです。そこを突っ込んで聞くと、人間の私たちから見ると、ほぼ永遠、限りなく永遠に近い寿命だそうです。

なるほど、ってことは1万年？　いや違うな、そんなに短いわけがないから、1千万年？　それでも短い気がするな～。1億年？　と考えました。1億年以上だったら、私たち人間からすれば、ほぼ永遠です。

「永遠に近い寿命なら、そこから30年や40年もらっても、屁《へ》でもないってことですね？」

「なんだ、その屁というのは」

そう言って天海さんはカラカラと笑っています。

「ひゃ〜、すみません。クセなんです。なんでもないことを、『屁でもない』って言うのが……」

天海さんはひとしきり笑って、私に聞きました。

「もらい方は教えられぬが、お前はほしいと思わないのか？」

「ん〜〜〜〜〜〜〜〜〜〜〜〜（と考え）、私はいらないです」

「なぜだ？」

「たとえば私の寿命が80歳だったとして、仏様に20年、寿命（時間）をもらっても、その20年間健康だとは限らないじゃないですか。寝たきりだと20年も生きるのはつらいだろうし……それは遠慮したいです」

「何を言うか！（馬鹿者、と続きそうなニュアンスでした）仏の寿命（時間）をもらうのだから、その期間は健康に過ごせるに決まっているだろう」

「へ？　天海さん、それはどういう意味でしょう？」

仏様がくれる時間は仏様のもの、つまり、仏様が生きる時間というか、仏様自身が過ごす時間です。その時間をもらうわけです。ここ、意味が伝わっていますでしょうか？

言い方を変えると、仏様は病気ではありません。どこも悪くなく、変な表現になりますが、健康で元気なわけです。健康である仏様が過ごす時間、それをもらうわけです。ですから、もらった時間を生きている間は、健康であり、病気とは縁がない、ということらしいです。

へぇぇぇぇぇぇーーーーーー！　ですね。

「わかったか。理解したうえで、お前ならどうだ？」

「ん〜〜〜〜〜〜〜〜〜〜〜（と考え）、やっぱりいりません」

天海さんは、アハハハと豪快に笑って、こう言いました。

「では、教えぬことにしよう」

「はい！」

日光　～輪王寺と天海さんのお墓～

七福神めぐりでミニ不運があるとわかった私は、天海さんにそのへんのことを教えてもらおうと思いました。七福神めぐりを広めたという伝承があるくらいですから、天海さんは理由を知っているはずです。

喜多院に行けば必ず会えますが、今回の取材では日光に行ってみようと思いました。日光には天海さんのお墓がありますし、天海さんを祀った慈眼堂もあります。もしかしたら、喜多院よりも深いお話が聞けるかもしれません。家康さんを祀っているところですから、そのへんの秘話なんかも期待できそうです。

場所を確認しておこう、と下調べをすると……どうやらお墓も慈眼堂も非公開になっているようです。数年前に行ったという写真がネット上にありました。でも、今は行けないという情報ばかりなのです。

どうするか悩みましたが、もしかしたら最近になって行けるようになっているかもしれません。天海さんのお墓があるところは、マップでは「輪王寺《りんのうじ》宮墓地」という表示になっています。普通の墓地として裏側から行けるかも？　と都合よく考え、チャンレンジすることにしました。

日光ではまず、輪王寺の三仏堂《さんぶつどう》を拝観しました。前回来た時はお堂の修理中だったので、どのような感じなのかよくわからなかったのです。

内陣には、真ん中に阿弥陀如来、右に千手《せんじゅ》観音、左に馬頭《ばとう》観音、という3仏が安置されていました。3体とも金ピカの仏像で、けっこう大きかったです。

入ってすぐのところには、奈良時代に日光山を開いた勝道《しょうどう》上人の仏像があります。この勝道上人像がものすごい迫力でした。迫力が感じられるように作ってあるのでしょうが、それ以上に本人の気迫が伝わってくるのです。

もちろん、道がつながっています。というか、本人が宿っているというくらいの道の太さ、濃さでした。

仏像から、日光を守る！　という気持ち、ワシが開いたのだというプライド、そのような強い思いが放たれているのです。その思いがわかると、これはスルーできない……ということで、丁寧にご挨拶をしました。

強い仏様ですし、パワーがあるので、この仏像にお願いをしても叶います。三仏堂に行く人は勝道上人像を無視しないことをおすすめします。

階段を下りていくと、左側に天海さんの像がありました。道がつながっている像ですが、天海さんはここには出てきませんでした。なので、どうか日光で会えますように、とお願いをしました。声は届いていますが、返事はありませんでした。

ついでに、というと失礼かもしれませんが、天海さん像の右に軍荼利明王《ぐんだりみょうおう》像が置かれています。こちらも強烈でした。強いなんてものじゃありません。「すごい……」とひとことしか言葉が出ませんでした。

左には大黒さんを祀っている厨子があり、そこには「波之利《はしり》大黒天」と書かれています。厨子の扉が閉まっていたので、秘仏だと思いますが、お前立ちにパワーがあり、お願いをしたら叶うだろうな～、という大黒さんでした。

天海さんが三仏堂で出てこなかったので、常行堂《じょうぎょうどう》へと急ぎました。拝観券を購入した時にもらった「日光山輪王寺　参拝図」では、常行堂と法華堂《ほっけどう》の間から入る道が描かれており、「至　慈眼堂」とあります。

もしかしたら、行けるかも！　とワクワクしましたが、残念ながら「立ち入り禁止」となっていました。

　ここが慈眼堂に続く道なんだ〜、と思うとあきらめがつかず、5分ほど立ち尽くしました。行きたい！　という気持ちが抑えられなかったのです。修学旅行生がまわりにいたので、変なおばちゃんやな、と思われたかもしれませんが、まったく気になりませんでした。それくらいショックでした。

　余談ですが、常行堂は入って右の側面をちょびっとしか歩けないようになっていました。以前はお堂内を一周できたのです。摩多羅神《またらじん》さんのお社の正面で手を合わせることができ、孔雀に乗っている阿弥陀さんも間近で見ることができました。

　けれど現在は、摩多羅神さんを横からしか拝むことができません。ためしに、

「摩多羅神さーん」

　とお呼びしてみたら、

「今日はここか」

　という言葉が返ってきました。

「横からしか手を合わせられないんですけど」

「大丈夫だ。ちゃんと聞こえる」

ということで、横からお願いしてもオーケーだそうです。

日光　～家光さんから見た天海さん～

輪王寺の境内からは、天海さんの慈眼堂へ行けないとわかった時点で、最後の望みは墓地の裏側、裏道でした。サッと行こうかと思いましたが、常行堂と法華堂の向こうには「大猷院《たいゆういん》」があります。家光公の廟所《びょうしょ》です。

家光公は前回あまりよい印象ではなかったし、パスしようかな～、と思ったのですが、拝観券を無駄にするのももったいないので行ってみました。

相変わらずキンキラキンの大猷院です。拝殿・相の間・本殿と連なる社殿に上がり、ここで手を合わせて、ご挨拶をしました。

すると今回は家光公がスッと出てきたのです！　え！　出てきてくれるんだ！　とビックリしました。

着ている羽織には、金糸と濃紺の糸で刺繍された模様が入っています。色鮮やかで高貴な雰囲気がよく出ています。前回、9年前はどんな服を着ていたっけ？　と考えても思い出すことができません。9年前に会った友人の服装を覚えていないことと同じです。

帰宅して、以前の参拝メモを見てみたら、前回も同じ色彩の刺繍で模様を入れた羽織を着ていたことが判明しました。ただ、柄が若干違います。前回見た時は四角の模様でしたが、今回は長方形を並べたような模様だったのです。

どうやら家光さんは金と濃紺の組み合わせがお好きなようです。美しい羽織でしたから、金と濃紺って合うんだな〜、と思いました。

足もとは前回と同じく高そーーーな錦の足袋《たび》を履いていました。

家光公の廟所「大猷院」

「相変わらず豪華ですね〜」

すると、ここで家光さんはフッと笑いました。前に会った時は、とことんクールで、私を見下したような態度だったのですが、今回はなぜか私との距離を少し縮めています。

「今日はなんだ？」

「天海さんにお話を聞きに来たんです。お墓に行こうと思ったのですが、常行堂と法華堂の間は立ち入り禁止になっていました」

「うむ。今は行けぬ」

「裏道にもチャレンジしてみようと思っているんです」

「会いたいのなら喜多院へ行け」

このひとことで、裏道からも行けないことがわかりました。ガックリきましたが、せっかくなので家光さんから見た天海さんの印象を聞いてみたいと思いました。

「天海さんのことを聞かせて下さい」

「どのようなことを知りたいのか」

「天海さんって、すごい人ですよね。江戸城の、将軍のための術もすごいと思います」

「あれがあったから、(自分は)ここまでになれた」

「え！　そうなんですか！」

家光さんは天海さんから、パワーの流し方や使い方を〝直接〟聞いたそうです。術をうまく使うコツですね。だから正しくできた、と言います。聞いていて、なるほど〜、と思いました。それで家光さんは江戸幕府を安定させる将軍になれたことがわかりました。

社殿のキンキラキンキラした金箔を見ながら、

「これって天海さんが与えてくれたようなものですね」

と言うと、

「そうだ」

意外にもアッサリと肯定しました。自分も頑張った、とそのような話が続くのかと思ったら、天海さんのおかげ、というだけでそれ以上は言わないのです。家光さんは素直な性格のようです。

家光さんが正しく術を利用したから徳川幕府が続いたのかもしれません。もしも疑って適当にやっていたらもっと早くに幕府は政権を手放していたように思います。

「他に何を聞きたいのか」

えっ！　家光さんのほうからそう言ってくれるとは！　と驚きました。以前とはまったく違う対応なのです。

「１０８歳まで生きたと伝わっていますが……」

「たしかにけっこう歳を取っていた。１００は超えていたと思うぞ」

「正確な年齢を知らないのですか？」

「知らぬ」

昔は、歳をしっかり数える、自分が何歳であるか意識しておく、などのことはしていなかったそうです。年齢が大事という考えはなかったらしく、人の年齢も聞かないし、自分の年齢も気にしていないのが普通だったと言います。

「人となりってどうでしたか？　たとえば、親切だったとか、優しかったとか」

家光さんの答えはこうでした。自分は天海さんの上の立場だった、向こうは臣下だから、家光さんに親切なのも優しいのも当然である、自分にとってはそういう人物だった、とのことです。

「では、他の人はどう思っていたのでしょう？」

「歳を取るにつれて厳しくなったというのは聞いたことがある」

家光さんが、これは想像だが、と断っていましたが、後継者を育てなければいけないというプレッシャーがあったのではないか、と言います。育てたいが育たない、適切な人材がいないと悩んでいたようだ、とのことです。

なるほど、それでイライラしていたのかもしれません。霊能力があって、すごいパワー、知恵を持っていたお坊さんですから、その後継者を育てるのは難しかっただろうと思います。

忠誠心のものすごく厚い人だったと家光さんは言っていました。僧侶なのに武士よりも忠誠心が厚かった、とのことです。武士の気迫、武士の心を持った人だったそうです。

ここで私が「え？　それって明智光秀……」と思った瞬間に、

「違う」

と即否定されました。思わず苦笑しました。本人にも確認していたのに、つい思い浮かべてしまったからです。

日光　～心を許してくれた家光さん～

廟所を出ようと社殿の横を歩いていたら、社殿の後方（本殿の裏側）から手を合わせている人が4人いました。カメラが設置してあり、テレビの撮影？　という雰囲気でした。そのエリアは立ち入り禁止ですから、入るには、たぶん許可が必要です。

「テレビの撮影で、特別なお願いをしてるのでしょうか。（祈願しているのは）誰ですか？」

「知らぬ」

なんでそれがワシに関係あるねん、知らんわ！　というニュアンスで、ここで私は本気で笑いました。

「お願いを聞かなくていいんですか？」

「なんでそこまでしなければいけないのか」

「だって、テレビの撮影ですよ？」

「テレビはワシより偉いのか？」

ひゃ〜、生粋《きっすい》の高貴な人のセリフですね。撮影だから、テレビだからと特別視していないのです。


「お前は家康公に対する態度がなっていない」

「すみません。前に来た時は秀吉さんに肩入れしてたので」

ここで家光さんは、フフッと苦笑しました。

「挨拶はして帰れよ」

廟所から出ると、家光さんのお墓に通じる皇嘉門《こうかもん》があります。ここから向こうへ行くのかな？　と思ったので、

「一緒にお話をしながら歩きませんか？」

と言ってみました。もう少しお話をしたかったからです。

「お前は……ワシを歩かせるのか？」

「はい」

笑顔で言うと、

「ワシを歩かせるのはお前くらいだ」

と言われました。将軍様に歩いて下さいとか、ここまで来て下さいとか、そういうことを言う人はいなかったのでしょう。

てくてく行くと廟所の入口となっている夜叉門《やしゃもん》があります。そこから出る前に、

「ここから先も行けますよね？」

と聞くと、

「まだ歩けと言うか」

という面白い答えが返ってきました。たった数メートル歩いただけでこの言葉です。

「はい！　将軍だった時も歩いていたでしょう？」

家光さんは苦笑しつつ、一緒に夜叉門を出てくれました。

「聞きたいことは早く聞け。次の門（二天門《にてんもん》）までしかワシは行かない」

「え？　どうして二天門までなのですか？　その下の仁王門までが大猷院の境内でしょう？」

「その門は身分の低い者たちがたくさん通っていたから、そこは行きたくない」

へぇぇぇ〜、ですね。そういえば、昔の建物には身分が高い人用の門が作られています。私たちにはわからない、門についてのこだわりがあるのかもしれません。

というわけで、二天門の手前でお別れしました。もちろん、心からお礼を言い、感謝の気持ちを伝えました。

このあと、東照宮に行って、家康さんが神様修行に入ったことを知りました（詳しくはブログの2024年6月30日から5話続く「絆シリーズ」に書いています）。

そこで、ああ、それで家光さんが挨拶をして帰れと言ったのだ、とわかりました。

家光さんにしてみれば、大尊敬する家康さんが神様修行に入ったのが嬉しかったのでしょう。きっかけは秀吉さんが神様になったことですが、ちょっとしたお手伝いをしたのが私であるため、今回は親切だったようです。見下したところは一切なく、クールな部分もまったくありませんでした。

家光さんは本当に育ちのよい、生粋のおぼっちゃんです。生前はコンプレックスなどで、もしかしたらよくないことをしたのかもしれませんが、仲良くなると心を許してくれて、素の家光さんを見せてくれます。私にはあたたかみのある人物に思えました。

天海さんのお墓は、墓地の裏側からもチャレンジしてみましたが、ダメでした。メインの参道は工事中で、道路から見えているお堂へ行く石段の前には柵が置かれていました。その柵もかなり古かったので、ずいぶん前から拝観停止のようでした。

喜多院　〜七福神めぐりのルーツは天海さん？〜

日光で天海さんに会えなかった私は七福神めぐりのことを聞くために、ふたたび喜多院に取材に行きました。この日は門を入って本堂を通り過ぎ、一直線に慈眼堂に向かいました。

天海さんにご挨拶をして、孫娘や私を救ってもらったお礼を言い、近況報告もして、本題に入りました。

まず、日光に会いに行ったのに会えなかったので驚いた、というお話からしました。

天海さんの認識では、日光は家康さんのためにあるそうです。そこに自分が我が物顔で出るのは少し違う、と言っていました。出ていくのは控えているそうです。ただし、お墓だったら出てもいいと言っていました。

「お墓のほうにも行ったのですが、近寄れませんでした〜。あ、でも、輪王寺の三仏堂にあったのは立派な像でしたよ？　天海さんの像。あそこでもダメなのですか？」

「三仏とは何か」

「え？　えっと〜。たしか、阿弥陀さん、千手観音さん、馬頭観音さんだったと思います。その三仏のためのお堂ってことですか？」

「そうだ。仏のための三仏堂なのにワシが出ていき、そこでお前に話をすることはない」

天台宗のお坊さんらしいな〜、と思いました。天台宗のお坊さんだった仏様は、円仁《えんにん》さんをはじめ、全員がものすごく控えめなのです。

慈眼堂は天海さんを祀っているお堂であり、ご本尊が天海さんです。天海さんに会いたい人がいくお堂です。喜多院は日光ではないので、天海さんに会うのは喜多院の慈眼堂がベストというわけです。

これは私個人の考えですが、喜多院は天海さんが生前に管理していたお寺ですから、天海さんが仏様のシステムをあれこれ調整しており、居やすいのかも？　と思いました。

「天海さん！　私、今度、七福神のテーマで本を書くんです。そこでいろいろと調べてみたら、天海さんが家康さんに七福神信仰をすすめた、という情報が出てきました。七福神めぐりのルーツは天海さんなのですね」

天海さんを祀る慈眼堂

「そうなのか？」

「え？　違うのですか？　家康さんが狩野探幽《かのうたんゆう》に宝船に乗った七福神を描かせたのは天海さんの指示だったと言われていますし、天海さんが『仁王《にんのう》般若経』の『七難即《しちなんそく》滅《めつ》、七福即生《しちふくそくしょう》』を家康さんに説いたことがルーツって説もあります」

「ワシではない」

「えーっ！」

「七難即滅、七福即生」というのは、仏教の言葉で、7つの難がサクッとなくなり、それによって7つの幸福が得られるという意味です。「七難即滅、七福即生」の願いを込めて仏様に手を合わせる、みたいな感じで使います。

そのへんのことを詳しく聞くと、天海さんはこの言葉を出したことはないそうです。ただ、家康さんが天海さんに質問をしたことがあり、その時の答えが似ていると言えば似ていると言います。

家康さんは、長く民衆を束ねる将軍でいるためには、何が必要だと思うか？　と天海さんに聞きました。天海さんは、7つの徳を備えた人物が為政者としてふさわしい、と答えたそうです。そのような為政者が世の中をまとめると、民衆は7つの福をもらえるから、と説きました。

7つの徳を備えた家康さんが全国を治めることによって、庶民は7つの福をもらえるというこの話が、「七難即滅、七福即生」と結びつき、もしかしたら七福神めぐりの由緒になったのかもしれないが……と言いつつも、天海さんは首を傾げています。

「ワシは七福神をすすめたことはない」

「では、天海さんが、幸せになるために七福神をめぐりましょう、と言ったわけではないのですね」

七福神という考えはもっと前からあったと言います。あったことはあったのですが、有名ではなかったらしいです。

喜多院　～天海さんが明らかにしてくれた七福神の仕組み～

「私はこれまでに、7地域の七福神めぐりをしました。そしたらですね、全部ではありませんが、ミニ不運が降りかかってきたのです。これは願いが叶えられる代償？　と思うのですが、いかがでしょう？」

それで？　みたいな顔で聞いていた天海さんですが、ポツリとつぶやきました。

「七福神のことはよくは知らぬが」

さらっと、ガッカリさせるようなことを言います。

えーっ？　ここってたしか、小江戸川越七福神のひとつだったような？　とその場で調べたらそうでした（七福神として祀られているのは大黒天です）。

天海さんが言うには、自分が七福神の仕組みを作ったのではないから、精通していないとのことでした。

「天海さん！　では、七福神の仕組みを見てきてもらえませんか？　謎が解けていないのです！　天海さんがルーツだというので、わざわざここまで来たんです〜。どうかお願いします！」

「うむ」

非常に図々しいお願いでしたが、天海さんは低い声でうなずくと、スッと消えてどこかへ行きました。そして、ほどなくスッと戻ってきました。


まず、七福神をまわって願掛けをすることが、見えない世界ではどうなっているのかを説明してくれました。

七福神に願掛けをするには、７ヶ所の寺社をまわって同じお願いをします。

たとえば神社で、本殿と境内社に同じお願いをすると、叶えるのは本殿か境内社に鎮座している神様です。ご祭神かもしれませんし、境内社の神様かもしれません。１柱の神様が叶えてくれます。

いくつかのお寺、いくつかの神社をまわって、同じお願いをしても一緒です。どこかの神様か仏様が単独で叶えます。七福神も同じだと言います。

え？　そうなん？　とこれは目からウロコでした。七福神めぐりでは、なんとなくですが、7柱の神仏が力を合わせて叶えるのだろうと思っていたのです。

「そうではない」

七福神の中のどなたかが叶えてくれるのです。大黒さんかもしれませんし、弁天さんかもしれません。それは、お願いの内容や、祈願する人、その時の状況によって、誰が叶えるのか決まるそうです。


7柱の七福神のどなたかが叶えてくれると決まった場合（叶えてもらえないこともあります）、担当が福禄寿か寿老人だったら、私の言うミニ不運がついてくるそうです。

というのは、この2柱の仏様は、代償（引換券）を差し出さないと叶えてくれないからです。

他の5柱の仏様、恵比須、大黒天、毘沙門天、弁財天、布袋は代償を求めません。

では、なぜ福禄寿と寿老人は代償を求めるのか……と言いますと、中国の仏様だから、だそうです。布袋も中国からきた仏様なのですが、こちらは日本化されています。日本化されていない福禄寿と寿老人は、古代大陸の宗教観そのまま、というわけです。

海外は生贄《いけにえ》を捧げる宗教が多いです。たしかどこかの遺跡には、殺した人間の心臓を載せる専用の石台があったように記憶しています。

神仏は生贄を欲しているのではありません。これは人間が、生贄だと大いに喜ぶだろうと想像して差し出しているだけなのです。

そこには代償が必要とされる宗教観があります。古代大陸の神仏は、ちょっとした代償を求めるのです。それは何も失うことなく、たくさんのものを持ったままで、さらに大きな幸運がほしい、というのをよしとしない考えです。

ですから、小さくてもいいので、代償を差し出すことが、大きな幸運を与えてもらう条件になっているのです。生贄はそこを拡大解釈したものです。

日本化されていない仏様は大陸そのままの仏様ですから、願いごとを叶える時はミニ不運つき、というわけです。

重ねて言いますが、インドから来た大黒天、毘沙門天、弁財天、および、中国から来た布袋は日本化されています。どのようにして日本化されたのかと言いますと……どの仏様も日本のあちこちで、単体で信仰されてきたためです。日本人にたくさん願掛けをされ、それを叶え、感謝され、お礼を言われ……みたいに、多くの日本人から信仰心を奉納された結果です。安置されているお寺のお坊さんの日々の勤行《ごんぎょう》なども関係しています。

同じ仏様……たとえば、多聞天（毘沙門天）を例にすると、日本の多聞天と中国の多聞天は全然違います。別人です。日本のほうは人間に優しくて、慈悲深く、冗談なども言ってくれるのですが、中国のほうはとても厳しいです。クールです。近寄りがたい仏様なのです。

仏様は、国によって、その国でどのように信仰されてきたのかによって、性質が異なっています。

というわけで、大陸から来ているのですが、大黒天、毘沙門天、弁財天、布袋は、代償を求めません。しかし、福禄寿と寿老人は単体でそこまでの信仰を日本人から集めていません。よって日本化していないため、古代大陸の宗教観のままなのです。

このような理由で、2柱が願いを叶える場合に限り、代償を差し出す仕組みになっているそうです。

7柱のうちの誰が叶えるのか、となった時に、手の空いている率が高いのもこの2柱です。単体での信仰が少ないためです。よって、「では、ワシが叶えよう」となることが多いため、ミニ不運は最初から覚悟しておいたほうがいいのかもしれません。

「あの？　天海さん、代償を払いたくない、だから弁天さんか恵比須さんにお願いします、って言うのは……アリですか？」

代償を払うのがイヤな人は七福神めぐりをしないこと、普通に神社仏閣に行くべきである、というのは天海さんのアドバイスです。

7柱のどなたに叶えてもらうのか、人間は選ぶことができません。ミニ不運も含め、すべてを委ねる気持ちがなければ行くべきではない、と言っていました。

しかし、七福神めぐりには、願掛けが成就する確率が高い、という特典があります。七福神めぐりで祈願するのと、7ヶ所の神社仏閣をまわるのとでは、若干ですが、七福神めぐりのほうが叶う率が高いのです。

七福神めぐりには七福神としての7寺社のつながりがあり、七福神システムが働くからです。バラバラに7ヶ所の神社仏閣に参拝するよりも、願掛けを叶えてもらえる確率が高くなります。

叶う確率が高いことを優先するのか、ミニ不運が降りかからないほうを優先するのか、そこは個人の考え次第です。

喜多院　～願いが叶う確率を高めるコツ～

「では、その代償ですが、私は冷蔵庫の早期買い換え、発熱、軽～～～い事故と軽～～～いめまい、スピード違反の減点と罰金でした。代償といってもこの程度ですよね？　これ以上の大きな不運、大きな不幸ってないですよね？」

ここで天海さんは苦笑していました。

「福禄寿も寿老人も悪魔ではない。大きな不運や不幸と引き換え、ということは絶対にない」

本当にちょっとした代償、小さな不運だそうです。私の体験でおわかりのように、「イテテ」程度のものを差し出せばいいわけです。前述したように、免許の減点3点と罰金2万5千円で一生健康なら安いものです。

「絶対に叶えたい！　というお願いは、あちこちの七福神めぐりをすれば、叶う率が上がるってことですよね？」

「そうだ」

たとえば、神社にランダムに14社行ってお願いをするよりも、七福神を2つまわるほうが叶う確率はちょっぴりですが、高いのです。七福神としてまわれば七福神システムが働くため、その中の誰かが叶えなければ……みたいな雰囲気になり、では手が空いているワシが叶えよう、となるからです。

つまり、七福神めぐりを3つも4つもすると叶う率がぐ〜んとアップする、というわけです。

「天海さん、七福神をまわっている時に、空海さんの声でチラッと『歪みに気をつけろ』と聞こえたんですけど、歪みってなんでしょう？」

「信仰の歪みだ」

「信仰の歪み……？　日本化した仏様に古代大陸オーラの福禄寿と寿老人が加わっている、ということは、バックグラウンドが違うから、そこに歪みがあるってことでしょうか？」

「そうではない」

お寺に、1柱だけ……たとえば、毘沙門天を参拝しに行けば、毘沙門天は仏教ではこういう仏様である、というイメージがあります。弁天さんは弁天さんで仏教ではこういう仏様である、というイメージです。

しかし、「七福神」の毘沙門天という意識で参拝に行くと、イメージがやや変わります。私を例にしますと、七福神の毘沙門天と考えると「七福神」のうちの1柱、というイメージです。縁起のよいグループ「七福神」のメンバーです。

仏教でいうところの須弥山《しゅみせん》にいて、悪と日夜戦う、すごい仏様である毘沙門天、ではありません。宝船に乗ってニコニコしているキャラクターの毘沙門天なのです。

この七福神の中のキャラクターっぽい毘沙門天は、正しい宗教観か？　と天海さんは聞いているわけです。

絶対に違います。毘沙門天は七福神の中の1柱として存在しているわけではありません。この認識は正しくないのです。

本来の宗教（仏教）の毘沙門天として見る、思う、信仰すべきなのに、自分で勝手に作ったカテゴリー「七福神」の毘沙門天にしている、そこに歪みがある、と言われました。

「歪みがあると言われれば、たしかにそうだと思います」

「歪みがあるその信仰は正しいのか？」

「違います」

正しい信仰で拝む仏様ではなく、ちょっと違った信仰で拝むわけです。これはよいことは言えないそうです。やめたほうがいい、その歪みは持たないほうがいいと天海さんは言っていました。

歪みを持ったからといって、バチが当たるとかそういうことではありません。けれど、仏様がよくないと言っているのです。空海さんも天海さんもです。どうやら、仏様にとってよくないようなニュアンスでした。これは重要なことだと思われます。

ですので、毘沙門天のところに行くときは「仏教」の毘沙門天として、しっかり認識することをおすすめします。まわってるのは七福神めぐりだけど、手を合わせる時は仏教としての毘沙門天、みたいに心を調整します。

自分の中の仏様の背景を勝手に作らないことです、七福神教、みたいにです。正しく信仰をしつつまわれば歪みはありません。

どうしても、なんとしてでも叶えたい願いがある。しかし、これまでどこに行っても聞いてもらえなかった。でもあきらめきれない、なんとか叶えたい……そのような願いを持っている人は七福神めぐりをいくつかするといいかもしれません。

たくさんのお話をしてくれた天海さんはにこやかに私を見つめ、

「これで書けるか？」

と言います。

「はい！　読者の皆さんに理解してもらえる七福神めぐりが書けそうです。ありがとうございました！」

「うむ、それはよかった」

はじけるような笑顔を見せて、天海さんは消えていきました。

本当に優しい、人との絆を大切にしてくれる仏様です。もっと多くの人に天海さんのよさを知ってもらいたいと思いました。

「おわりに」に代えて　～鎌倉・江の島七福神めぐり～

本書の原稿をＰＨＰ研究所さんにお渡ししたあとの出来事です。
友人と「鎌倉・江の島七福神めぐり」をしました。まわった順番は以下のとおりです。

・江島神社《えのしまじんじゃ》（弁財天）
・長谷寺《はせでら》（大黒天）
・御霊神社《ごりょうじんじゃ》（福禄寿）
・本覚寺《ほんがくじ》（恵比須）
・妙隆寺《みょうりゅうじ》（寿老人）
・鶴岡八幡宮《つるがおかはちまんぐう》（弁財天）
・宝戒寺《ほうかいじ》（毘沙門天）
・浄智寺《じょうちじ》（布袋）

お願いごとをすると、代償を払わなければいけないかもしれない、その代償を払うのを遠慮したいと思っていた私は、単純にまわるだけにしようと考えていました。

しかし、江島神社に向かう車中で、友人が少々の代償は払ってもいいから願掛けをすると宣言し、「何を願おうかな～」とあれこれ思案していました。その様子を見ていたら、せっかく1日かけて七福神めぐりをするのに、何も願わないのはもったいないような気持ちになりました。

代償を払わなくてもいいパターンもあるのです。

この七福神めぐりには、江島神社、長谷寺、鶴岡八幡宮と、私が過去に参拝した寺社が3社も入っています。七福神で言えば、弁財天、大黒天、弁財天です。

この3社の弁天さん、もしくは大黒さんが叶えてくれるのなら、今回は代償を払わなくていいわけです。過去に参拝しているので、3社の神様や仏様とは顔見知りであり、ご縁もいただいています。期待に胸が膨らみました。

そのような理由で、鎌倉・江の島七福神めぐりでも願掛けをすることに決めました。願掛けの内容はここには書きませんが、大きなお願いごとであり、叶うと一生安心して暮らせる、というものです。

しかし、期待に反して、今回も代償を求められました（涙）。

驚くことに代償は、８ヶ所をめぐったあとや、翌日に払うのではなく、なんと！　参拝途中で払わされました。

この時、私は車をリースしていたのですが、その車をガリガリガリ〜ッとこするアクシデントに見舞われたのです。詳細を書くと個人を特定されそうなので省略しますが、けっこう派手に傷がつきました。

保険に加入していたので、支払ったのは免責の５万円だけです。

が、しかし……私は、これまでの人生で、車をガリガリとこすったり、ぶつけたりしたことが一度もなかったので精神的なショックが大きかったです。

友人は私のお願いの内容を知っていますから、そのお願いと引き換えなら絶対に安い！と本気で言っていました。たった5万円で叶うなんてラッキー、１００万円でも安いと思う、と言うのを聞いて「たしかにな〜」と納得しました。

けれど、事故のショックから立ち直るのに2〜３日かかりました。精神的なダメージも代償の中に入っていたのかもしれません。

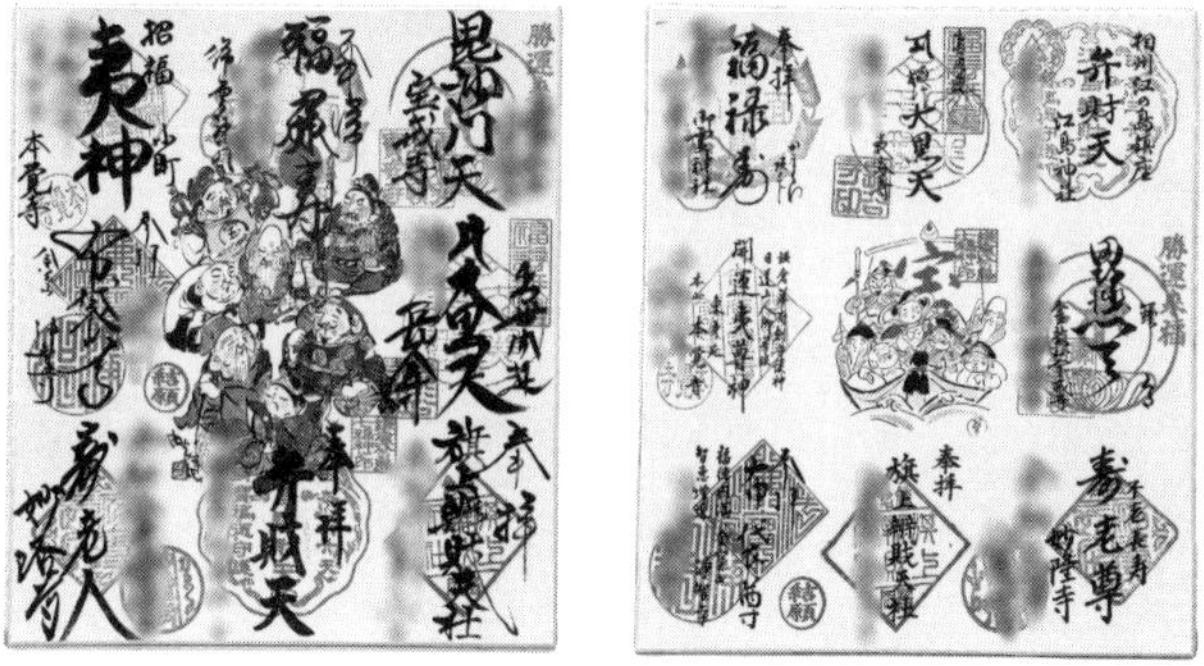

鎌倉・江の島七福神めぐりのご朱印色紙

この願掛けを叶えてくれるのは、福禄寿さんです。

めぐっている途中でも代償の支払いがあることを神仏に確認すると、1社めの寺社で願掛けをしたら、その直後から払わされる可能性はあるそうです。

というのは、1社めで「七福神めぐり」をすることを伝えると、七福神システムが働いて、その七福神めぐりの寺社すべてに一瞬で情報が伝わるから、です。

今回の例で言えば、江島神社で弁天さんに「七福神めぐりとして来ました。これから順番にまわります。七福神めぐりとしての願掛けはこれこれこういうものです」と言った瞬間に、他の7社（鎌倉・江の島七福神めぐりでは7社ですが、一般的な七福神めぐりなら6社です）にも話した内容がすべて伝わっているわけです。

全部の寺社に伝わると、その願掛けを〝七福神として〟叶えるかどうか、が決まります。叶えると決まったら、誰が叶えるのか、も即座に決まります。代償を払うパターンになったら、どの程度の代償にするのかも決定されます。

ここまで一瞬です。

私の願掛けの代償が5万円となれば、七福神めぐりをしている最中でも、5万円払うチャンスがあれば、即払わされるわけです。当日の夜や翌日にうまく5万円を払うような出来事が起こせない場合も、めぐっている途中に払うことになります。

というわけで、一生安心して暮らせるような、特別に大きな願掛けだったら、代償を払う場合は5万円ほどです。友人が言ったように、叶うのなら100万円払っても安いというお願いでした。それを5万円で叶えてもらえるのですから、七福神めぐりの効果は、やはりすごいと思います。

本当に素晴らしいシステムなのですが……私にはもう、代償を払ってまで叶えてほしい願掛けはないので、この先七福神めぐりはしないと思います。

なんとしてでも叶えてほしい！　というお願いごとがある人には、七福神めぐりはおすすめです。けれど、代償を払うパターンのほうが多いことは知っておいたほうがいいです。極端にダメージの大きい代償はありませんが、私が払った5万円のように、そこそこ痛いものはあるかもしれません。

私の例を参考にして上手に七福神をめぐり、皆様の人生が好転しますことを、心より願っております。

桜井識子

〈著者略歴〉

桜井識子（さくらい　しきこ）

神仏研究家、文筆家。

1962年広島県生まれ。霊能者の祖母・審神者の祖父の影響で霊や神仏と深く関わって育つ。

2,000以上の神社仏閣を参拝して得た、神様仏様世界の真理、神社仏閣参拝の恩恵などを広く伝えている。神仏を感知する方法、ご縁・ご加護のもらい方、人生を好転させるアドバイスなどを書籍やブログを通して発信中。

『お稲荷さんのすごいひみつ』『ごほうび参拝』（以上、ハート出版）、『龍で開運！』『東京でひっそりスピリチュアル』（以上、幻冬舎）、『神仏のみことば』（宝島社）、『100年先も大切にしたい日本の伝えばなし』（KADOKAWA）、『あなたにいま必要な神様が見つかる本』『神様仏様とつながるための基本の「き」』（以上、ＰＨＰ研究所）など著書多数。

桜井識子オフィシャルブログ　～さくら識日記～
https://ameblo.jp/holypurewhite/

七福神めぐりのすごいひみつ

2024年12月24日　第１版第１刷発行

著　者　桜井識子
発行者　永田貴之
発行所　株式会社ＰＨＰ研究所
東京本部　〒135-8137　江東区豊洲5-6-52
ビジネス・教養出版部　☎03-3520-9615（編集）
普及部　☎03-3520-9630（販売）
京都本部　〒601-8411　京都市南区西九条北ノ内町11
PHP INTERFACE　https://www.php.co.jp/
組　版　株式会社PHPエディターズ・グループ
印刷所　大日本印刷株式会社
製本所　東京美術紙工協業組合

ISBN978-4-569-85835-7